지금은
아우렐리우스를
읽어야 할 때

MARCUS
AURELIUS

지금은
아우렐리우스를
읽어야 할 때

초판 1쇄 인쇄 2024년 2월 20일
초판 1쇄 발행 2024년 2월 26일

지은이 | 김옥림
펴낸이 | 임종관
펴낸곳 | 미래북
편 집 | 정윤아
본문 디자인 | 디자인 [연:우]
등 록 | 제 302-2003-000026호
주 소 | 경기도 고양시 덕양구 삼원로73 고양원흥 한일 윈스타 1405호
전화 031)964-1227(대) | 팩스 031)964-1228
이메일 miraebook@hotmail.com

ISBN 979-11-92073-47-7 03160

지금은 아우렐리우스를 읽어야 할 때

김옥림 지음

MIRAE
BOOK

삶이 힘들고 마음이 혼란스러울 땐
마르쿠스 아우렐리우스를 읽어라.
당신이 찾는 답이 그 속에 있다!

-김옥림

마르쿠스 아우렐리우스의
가르침에서 삶의 답을 찾다

●

"우리의 인생은 우리의 생각에 의해 만들어진다."

이토록 멋지고 빛나는 '말'을 남긴 마르쿠스 아우렐리우스 Marcus Aurelius는 로마 제국의 제16대 황제이자 철학자이다. 그는 부모를 일찍 여의고 고모부인 안토니누스 피우스 황제의 양자가 되었다. 그는 청년기에 노예 출신의 스토아 철학자인 에픽테토스Epictetus의《담론談論》을 즐겨 탐독했다. 그 후 스토아 학파 Stoicism 철학자가 되었으며 40세에 황제에 즉위했다.

마르쿠스 아우렐리우스는 황제로서도 매우 뛰어난 통치력을 발휘한 인물이다. 그는 민사법의 비정상적인 법률과 가혹한 조항을 삭제하여 노예를 비롯한 과부, 소수민족들을 보호했다.

그리고 상속 분야에서 혈연을 인정하여 로마 시민들로부터 열렬한 지지를 받았다. 이처럼 그는 로마 시민들의 권리를 보호함으로써 그들의 행복한 삶을 법률적으로 보장해준 존경받는 황제였다.

그러나 훗날 그가 세계사에 한 획을 긋는 인물로 평가받는 것은 철학자로서로서의 위상이 더 큰 까닭이다. 그는 진리에 이르기 위해, 양심적인 한 인간으로서 거듭나기 위한 탐구와 성찰을 위해 열정을 다 바쳤다.

또한 최고의 권력을 가진 황제였지만, 그 역시 사람이기에 삶과 죽음의 고뇌로부터 자유롭지 못했다. 그런 까닭에 그는 집무 중이나 전쟁터에서도 늘 사색하며, 진실에 이르는 길을 찾고자 부단히 노력한 지성과 인품을 지닌 철학자였다.

마르쿠스 아우렐리우스는 삶에서 체득한 깨달음을 쓴 글과 소크라테스, 에픽테토스 등 철학자들의 말들을 가려 뽑아 저서를 남겼는데, 이를 마르쿠스 아우렐리우스의《명상록》이라고 한다.

이 책은 총 12권으로 구성되었다. 인간의 삶과 죽음에 대한 성찰과 특히, 황제이기 전에 한 인간으로서의 죽음에 대한 고뇌와 통찰이 잔잔하게 깔려 있다. 이 모든 것은 결국 진실한 인간이 되기 위한 탐구와 진실한 인간이 되어야만 하는 것에 대한, 진지하고도 담담하게 살아가는 지혜에 대한 물음과 그에 대한 답이라고 할 수 있다.

요즘 국내적으로나 세계적으로나 매우 혼돈된 상황에 휩싸여 있다. 국내적으로는 여야가 정쟁을 일삼고, 정부는 정체성이 정립되지 않은 채 일관성이 결여된 정책으로 국민들에게 믿음을 주지 못한다. 그로 인해 국가의 위상이 흔들리고 경제적으로도 어려움에 봉착해 있다. 그러다 보니 국민들은 생활하기가 점점 더 힘들고 어렵다는 말들을 하곤 한다.

세계적으로는 러시아와 우크라이나의 전쟁, 이스라엘과 하마스의 전쟁으로 인해 수많은 인명 피해가 속출하고 있으며, 수많은 도시가 파괴되고 천문학적인 경제 손실을 가져옴으로써 전 세계를 암울함에 빠져들게 하고 있다. 또 자국의 이익을 위해서라면 어제의 동맹국도 가차 없이 찍어 내리고, 적국도 끌어들이는 등 그야말로 혼돈 그 자체다. 그러다 보니 사람들의 마음속엔 불안한 삶과 미래에 대한 두려움이 깊이 깔려 있다.

이럴 때 마르쿠스 아우렐리우스의 《명상록》을 읽는다면 현실의 어려움과 미래에 대한 두려움을 완화시킴은 물론, 마음을 바로잡게 됨으로써 정신적인 혼돈으로부터 벗어나는 데 큰 도움이 된다.

그렇다면 그 이유는 무엇일까. 마르쿠스 아우렐리우스는 황제로서 수많은 시련과 고난을 겪었다. 동쪽으로는 파르티아 제국이, 북쪽에서는 게르만족이 수시로 침략해 왔다. 그는 침략

자들로부터 로마 제국을 지켜내기 위해 로마 제국의 황제 중 가장 많은 시간을 전쟁터에서 보냈다. 그로 인해 로마 제국은 경제적으로나 군사적으로 매우 어려웠다. 하지만 그는 실망하거나 비관하지 않았다. 언제나 긍정적으로 자신에게 닥친 역경을 극복하며, 봉사와 헌신의 정신으로 황제의 본분을 다했다.

《명상록》은 그가 황제로서 수많은 시련과 어려움 속에서 깊이 깨달은 성찰을 담아 쓴 책이기에 마음이 혼란스럽고, 삶이 어렵고 답답할 때 읽으면 삶의 지혜를 얻게 됨으로써 큰 도움이 된다고 했던 것이다.

왜 그럴까. 시대가 다르고, 당시 상황이 지금과 다르고, 추구하는 목적이 다를지라도 인간의 본성本性과 삶의 본질本質은 같은 까닭이다. 뿐만 아니라 진리를 좇아 진실되게 살아가는 데도 큰 도움이 된다. 그런 까닭에 마르쿠스 아우렐리우스는 인간이 진실에 이르는 길은 인간이 인간으로서의 정도正道에서 벗어나지 않는 일이라고 말하며, 신의 가르침에 따라 이성적으로 생각하고 행동하라고 말했던 것이다. 이에 대한 그의 생각을 잘 알게 하는 말이다.

"우리가 온 힘을 기울여야 할 것은 어떤 것일까? 올바른 생각, 사회적인 행동, 거짓 없는 말 그리고 일어나는 모든 일은 이미 예정된 것이며 하나의 근본 원리에서 흘러나온 것임을 깨닫고 즐겁게 받아들이는 마음가짐 등이다."

마르쿠스 아우렐리우스의 말엔 '우리가 추구해야 하는 삶은 무엇일까'라는 명제에 대해 잘 나타나 있다. 한마디로 말해 어떤 상황에 놓이더라도 불의를 멀리하고 진리를 좇아 살라는 말이다. 우리는 그의 조언을 겸허히 받아들일 필요가 있다. 그렇게 할 수 있다면 진실에 이르는 길을 걸어가는 데 큰 도움이 될 것이기 때문이다.

그렇다. 진실한 인간이 되기 위한 탐구는 계속되어야 한다. 이는 인간이 우주에 존재하는 한 영원불변의 법칙이다. 마르쿠스 아우렐리우스의 《명상록》은 그런 관점에서 볼 때 인생을 살면서 누구나 한 번은 필히 읽어야 할 책이라고 할 수 있다.

이 책은 마르쿠스 아우렐리우스가 남긴 말 중에 가장 보편적이면서 가장 핵심적인 주요 골자를 가려 뽑아 이해하기 쉽게 동서고금을 막론하고 다양한 예를 넣어 씀으로 해서, 마르쿠스 아우렐리우스의 《명상록》을 이해하는 데 도움이 되도록 했다. 나아가 마르쿠스 아우렐리우스의 사람됨과 그의 철학과 사상을 이해하는 데도 도움이 되리라 생각한다.

다시 한번 말하지만 살아가면서 삶이 힘들고 어려울 때, 마음이 혼란스러울 때, 무언가 중요한 결정을 하려는데 지혜가 필요할 때, 사람들과의 소통에서 어려움을 겪을 때, 인생이란 무엇인가에 대해 진지하게 생각할 때, 사랑하는 사람과의 문제로

고민이 있을 땐 이 책에서 답을 찾아보길 바란다.

　이 책을 대하는 모든 이들에게 충만한 삶과 기쁨, 행복이 함께하기를 응원한다.

　　　　　　　　　　　　　　　　　　　　　　　　김옥림

Contents

Chapter 1
우리의 인생은 우리의
생각에 의해 만들어진다

Chapter 2
새로운 삶은
언제나 열려 있다

Chapter 3

우리에게 허락된 시간은
한정되어 있음을 기억하라

Chapter 4
어지러운 세상에서 평온한 삶을 사는 법

Chapter 5
주변에 휘둘리지 말고
자신의 본분을 다하라

Chapter 6
가야 할 길이 확실하게
보이는 길을 향해 가라

CHAPTER 1

우리의 인생은 우리의 생각에 의해 만들어진다

올바른 일이 아니면 행하지 마라.
진실이 아니라면 말하지 마라.
그리고 당신의 욕망을 억제하라.

Marcus Aurelius

자신을 존중하되 함부로 학대하지 않기

당신을 너무 학대하는 것은 아닌가.
그러다 보면 자신을 존중할 기회를 잃고 만다.
사람의 인생은 영원하지 않다.
그마저도 인생의 끝을 향해 달려간다.
그럼에도 여전히 자신을 존중하지 않고 다른 사람의
영혼에 당신의 행복을 맡겨놓고 있다.

명상록 01

미국의 심리학자이자 근대 심리학의 창시자로 불리는 윌리엄 제임스William James는 자존감의 중요성에 대해 이렇게 말했다.

"자존감self esteem이란 자신이 사랑받을 만한 가치가 있는 소중한 존재이고 어떤 성과를 이루어낼 만한 유능한 사람이라고 믿는 마음이다."

윌리엄 제임스의 말에서 보듯 자존감은 자신이 사랑받을 만

우리의 인생은 우리의 생각에 의해 만들어진다

한 가치가 있는 소중한 존재이고, 어떤 성과를 이루어 낼 만한 유능한 사람이라고 믿게 하는 마음이다. 때문에 최악의 상황에서도 자신을 함부로 하지 않고 소중히 함으로써, 그 상황으로부터 벗어나 긍정적으로 살아가게 한다.

고대 로마 제국의 제16대 황제이자 스토아 학파의 철학자인 마르쿠스 아우렐리우스Marcus Aurelius는 표현은 다르지만, 자기 존중의 필요성에 대해 이렇게 말했다.

"당신을 너무 학대하는 것은 아닌가. 그러다 보면 자신을 존중할 기회를 잃고 만다. 사람의 인생은 영원하지 않다. 그마저도 인생의 끝을 향해 달려간다. 그럼에도 여전히 자신을 존중하지 않고 다른 사람의 영혼에 당신의 행복을 맡겨놓고 있다."

마르쿠스 아우렐리우스의 말에서 보듯 그는 스스로를 너무 학대하지 말라고 말한다. 자신을 학대하다 보면 자신을 존중하는 기회를 잃게 되는 까닭이다. 그리고 나아가 다른 사람에게 자신의 행복을 의지해서는 안 된다고 말한다. 여기서 우리는 중요한 사실을 알게 된다. 자신을 존중해야 한다는 것은 자신의 삶에 미치는 영향이 막대하기 때문이며, 다른 사람에게 자신의 행복을 의지하게 되면 의타심이 생겨 스스로 행복할 수 있는 기회를 놓치게 된다는 사실이다.

왜 그럴까. 자신을 학대하고 함부로 하거나 자신의 행복을 남에게 의지하면 품행이 바르지 못하고 인격이 모가 났다고 여겨 주변 사람들이 멀리하는 까닭이다.

그러나 자신을 존중하고 함부로 하지 않으며 스스로 행복하기 위해 노력한다면, 이는 자신에 대한 예의이며 지극히 마땅한 일이기에 그런 사람을 탓할 사람은 그 어디에도 없다.

자신을 존중하고 함부로 하지 않으며 행복해지기 위해 노력하는 사람은 그렇지 않은 사람과 확연한 차이가 있다. 그것은 자신을 존중하고 행복해짐과 같이 남을 존중하고 행복하게 하는 일에 익숙하고 함부로 여기지 않는다는 것이다.

이는 무엇을 말하는가. 자신을 존중함으로써 인간에 대한 예의의 중요성을 스스로 터득했기 때문이다. 그런 까닭에 상대방에 대한 배려심이 좋고, 이해하는 것이 아주 자연스럽다.

"자신을 대단치 않은 인간이라 폄하해서는 안 된다. 그 같은 생각은 자신의 행동과 사고를 옭아매려 들기 때문이다. 오히려 먼저 자신을 존경하는 것부터 시작하라. 아직 아무것도 하지 않은 자신을, 아직 아무런 실적도 이루지 못한 자신을 인간으로서 존경하는 것이다. 자신을 존경하면 악한 일은 결코 행하지 않는다. 인간으로서 손가락질 당할 행동 따위 하지 않게 된다. 그렇게 자신의 삶을 변화시키고 이상에 차츰 다가가다 보면, 어느 사이엔가 타인의 본보기가 되는 인간으로 완성되어 간다. 그리고 그것은 자신의 가능성을 활짝 열어 꿈을 이루는 데 필요한 능력이 된다. 자신의 인생을 완성시키기 위해 가장 먼저 스스로를 존경하라."

이는 독일의 철학자이자 작가인 프리드리히 니체^{Friedrich Nietzsche}가 한 말로, 그는 자신을 대단치 않은 사람, 즉 보잘것없는 사람으로 여기지 말라고 말한다. 그것은 스스로를 가두는 일로 자신을 억제하는 일이기 때문이다. 그런 까닭에 자신을 존경하라고 말한다. 스스로 자신을 존경하게 되면 악한 일을 하지 않게 되고, 손가락질 당할 일도 하지 않으며, 자신의 삶을 변화시키기 위해 노력하다 보면 사람들에게 본이 되는 인간으로 완성되어 간다는 것이다. 나아가 자신의 가능성을 활짝 열어 꿈을 이루는 데 필요한 능력이 된다는 것이다.

왜일까. 인간은 자신이 생각하는 대로 행동하고 노력하면 그대로 되는 경향이 짙기 때문이다. 그런 까닭에 스스로를 존경하게 되면 함부로 자신을 대하지 않을뿐더러 자신을 가치 있는 사람으로 여기게 된다. 여기에 자신을 존중하되 학대하지 말아야 하는 이유가 있는 것이다.

옳은 말이다. 자신을 함부로 여겨 학대하지 말고 존중해야 한다는 마르쿠스 아우렐리우스의 말은 자신을 보잘것없는 사람으로 폄하하지 말고 존경해야 한다는 니체의 말과 표현만 다를 뿐 그 의미는 일맥상통한다는 데서 그 의의가 크다고 하겠다.

자신이 행복하고 가치 있는 삶을 살고 싶다면 어떤 상황에서도 자신을 존중하라. 그리고 남에게 자신의 행복을 절대 의지하지 마라. 스스로를 존중함으로써 자신을 가치 있고 행복하게 할 때 그것이야말로 자신의 삶을 완성시키는 최선의 길인 것이다.

우리의 인생은 우리의 생각에 의해 만들어진다

언행과 생각을 바르게 하기

행동을 부주의하게 하지 말고,
말을 혼동되게 하지 말며,
생각을 두서없이 하지 말라.

명상록 02

그 사람의 말과 행동을 보면 그 사람의 됨됨이를 알 수 있다. 또한 그가 생각하는 것을 보면 그 사람의 철학을 알 수 있다. 이를 너무도 잘 알았던 마르쿠스 아우렐리우스는 행동을 부주의하게 하지 말고, 말 또한 혼동되게 하지 말고, 생각 또한 두서없이 하지 말라고 말한다.

왜 그럴까. 행동을 부주의하게 하면 실수를 하게 되고, 말을 혼동되게 하면 주관이 분명치 않으며, 생각을 두서없이 하다 보면 사려 깊지 못하다는 것을 스스로 드러내게 되기 때문이다.

이에 대해 동양적 관점에서 볼 때 언행의 중요성에 대해 잘 알게 하는 말이 있다. 이른바 언행일치言行一致라는 말이 바로 그것인데, 이는 말과 행동이 일치하는 것을 말하는 것으로, 이렇게 한다는 것은 인간으로서 마땅한 일이다. 하지만 말과 행동을 일치되게 한다는 것은 매우 힘든 일이다. 이는 오랜 기간 동안 수양함으로써 몸과 마음을 닦아야만 할 수 있는 일이기 때문이다. 그런 까닭에 언행이 준수하고 몸가짐이 반듯한 사람을 보면 인격적으로 잘 갖춰진 사람이라는 걸 느끼게 되는데, 이런 사람은 어디를 가든 적이 없고 높임을 받게 된다.

그래서일까, 대개의 사람들은 자신들이 그렇게 할 수 없기에 언행이 일치하는 사람을 높이 생각하고 예를 다한다. 그만큼 그 사람의 인격을 인정한다는 방증이다.

고려 제13대 선종 때 위계정이란 이가 있었다. 그는 상서성의 정3품 관직인 상서尙書로 품행이 방정하고 법도에 어긋나는 일은 상대가 임금이라 할지라도 '불가'하다는 말을 거침없이 한 걸로 유명하다.

선종이 매우 아끼는 애첩 만춘이 임금의 총애를 등에 업고 규모가 큰 집을 짓고 있었다. 어느 날 이 모습을 본 위계정은 심사가 편치 않았다. 이런 사실을 알고 있는 모든 사람이 그 부당함에 대해 쉬쉬했던 것이다.

그러나 위계정은 달랐다.

"폐하께 아룁니다. 지금 만춘이 폐하를 속이고 사사로이 큰 집을 짓고 있나이다. 이는 부당한 일이오니, 청컨대 그 집을 헐게 하소서."

이처럼 어느 누구도 하지 못하는 말을 그는 거침없이 했다.

그 일이 있고 나서 어느 날, 선종이 연등회 자리에서 술이 취해 위계정에게 춤을 한번 추라고 말했다. 이에 위계정은 이렇게 말했다.

"폐하, 아뢰옵기 황송하오나 광대가 있는데 어찌 대신의 몸으로 여러 사람 앞에서 춤을 출 수 있겠나이까. 아무리 폐하의 명이라 해도 그것만은 못하겠나이다."

그러자 옆에 있던 동료 대신이 말했다.

"폐하의 명이 아닙니까? 그런데 어찌 못하겠다고 하시는 거요? 그것은 신하된 도리가 아니오."

이에 위계정이 말했다.

"일찍이 증자는 '폐하의 말이라고 해서 예예만 한다면 그 나라는 망할 날이 얼마 남지 않았다'고 하였소."

위계정은 이리 말하고는 끝내 춤을 추지 않았다. 하지만 선종은 그의 처사에 대해 진노하지 않았다. 그 일이 있은 후 위계정은 정직함과 청렴성을 인정받아 일인지하만인지상인 문하시중에 올랐다.

위계정은 언행이 일치된 삶을 행함으로써, 왕으로부터는 두터운 신임을 받았으며 백성들로부터는 우러러 존경을 받았다.

이 이야기에서 보듯 위계정은 말과 행동이 일치된 삶을 살았다. 그랬기에 그는 후세 사람들로부터 존경을 받음은 물론 역사적으로도 인정받는 인물이 될 수 있었다.

앞에서도 말했지만 언행일치의 삶을 산다는 것은 쉽지 않다. 언행일치는 못하더라도 그처럼 살 수 있도록 노력해야 한다. 그것은 자신의 존재를 가치 있게 하는 것일 뿐만 아니라, 그것만으로도 충분히 많은 사람들로부터 귀감이 될 수 있기 때문이다.

그렇다. 이런 관점에서 볼 때 "행동을 부주의하게 하지 말고, 말을 혼동되게 하지 말며, 생각을 두서없이 하지 말라"는 마르쿠스 아우렐리우스의 말은 매우 큰 의의를 지닌다고 하겠다.

이성에 따라 살아야 하는 이유

이성을 섬기고 따른다는 것은
욕망에 사로잡히지 않고 분별없이 행동하지 않고
신이나 인간이 하는 일에 대하여
불만을 품지 않으며 마음을 깨끗하게 갖는 것이다.

명상록 03

사람에게는 '이성理性'과 '감정感情' 두 가지가 내면의 축을 이룬다. 이성은 '개념적으로 사유하는 능력을 감각적 능력에 상대하여 이르는 말로 인간을 다른 동물과 구별시키는 인간의 본질적인 특성'을 말한다. 또한 '진위, 선악을 식별하여 바르게 판단하는 능력'을 말한다.

이성적인 사람은 매우 논리적이어서 옳고 그름에 대한 판단력이 좋을 뿐만 아니라, 상황을 판단하는 능력 또한 예리하다. 그런 까닭에 이성적인 사람은 잘못되는 것으로부터 자신을 충분히 지켜낼 수 있는 능력이 뛰어나다.

그러나 감정적인 사람은 매우 즉흥적이고, 비논리적으로 자신의 기분에 좌우되어 말하고 행동한다. 그러다 보니 상대방에 대한 배려가 부족하고, 자기 중심적이며 자신의 입장에서 생각하는 경향이 짙다. 그런 까닭에 감정적인 사람은 주변 사람들과 충돌할 여지가 언제나 있다. 그래서 감정적인 사람과 함께할 땐 이성적으로 대함으로써 자칫 잘못될 수 있는 상황으로부터 자신을 보호할 수 있다. 이처럼 이성과 감정은 인간이라면 누구에게나 다 있다. 다만 더 이성적이냐 아니면 더 감정적이냐 하는 차이가 있을 뿐이다.

그런데 인간관계에 있어 원만하게 소통하기 위해서는 이성적이어야 한다. 왜 그럴까? 이성적이어야 사람들과의 관계를 보다 잘 이어가는 데 있어 도움이 되기 때문이다. 또한 이성적인 사람은 주관이 분명하고 자기만의 철학을 지니고 있어 주변 상황에 쉽게 휩쓸리지 않는다. 그런 까닭에 이성적인 사람은 잘못되는 일이 거의 없다.

이에 대해 공자孔子는 다음과 같이 말했다.

"군자는 남과 화합은 하지만 뇌동雷同은 하지 않는다. 다른 사람과 진실되게 화합은 할지언정 비리에 뇌동부화雷同附和해서는 안 되는 것이다."

우리의 인생은 우리의 생각에 의해 만들어진다

공자의 말에서 '뇌동'이라는 것은 주견主見 없이 남의 의견을 좇아 쉽게 어울리는 것을 말한다. 그리고 '뇌동부화'라는 말은 '부화뇌동'과 같은 말이다. 그러니까 이성적인 사람은 주관이 분명해서 남의 말에 쉽게 넘어가거나 따르지 않는다. 그런 까닭에 이성을 갖춰야 하는 것이다.

마르쿠스 아우렐리우스는 이르기를 "이성理性을 섬기고 따른다는 것은 욕망에 사로잡히지 않고, 분별없이 행동하지 않고, 신이나 인간이 하는 일에 대하여 불만을 품지 않으며 마음을 깨끗하게 갖는 것이다"라고 했다. 이는 무엇을 의미하는가. 한마디로 말해 인간은 왜 이성적이어야만 하는지에 대한 답이라고 할 수 있다.

그렇다. 자신이 이성적이면 다행이지만, 그렇지 않고 감정적이라면 반드시 자신을 이성적으로 바꿔야 한다. 그러기 위해서는 자신이 생각하고 행동하는 데에 있어 사리분별이 철저해야 하고 냉정해야 하며, 매사를 차분하고 논리적으로 생각하는 습관을 들여야 한다. 물론 쉽지는 않다. 하지만 그럼에도 이성을 길러야 한다. 그것이 곧 자신을 사리에 맞고 분별력 있는 사람이 되게 하는 최선의 방법인 것이다.

우리의 인생은 우리의 생각에 의해
만들어진다

우리의 인생은
우리의 생각에 의해
만들어진다.

명상록 04

사람에게 있어 '생각'이란 매우 중요하다. 생각에 의해 모든 것이 생각대로 좌지우지되고 결정되기 때문이다. 그런 까닭에 어떤 생각을 하느냐는 것은 그 사람에게 있어 매우 중요하다. 다음은 생각의 중요성에 대해 잘 알게 하는 말이다.

"그 사람이 하루 종일 생각하고 있는 것, 그것이 그 사람이다."

이는 미국의 시인이자 사상가인 랄프 왈도 에머슨Ralph Waldo

Emerson이 한 말로, 생각은 곧 그 사람인 만큼 그 사람이 하는 생각이 매우 중요함을 의미한다.

"사람은 자신이 자기를 생각하고 있는 대로가 아니라, 생각 그 자체가 그 사람이다."

이는 미국의 자기계발 동기부여가이자 목사인 노만 빈센트 필Norman Vincent Peale이 한 말로, 생각이 곧 그 사람이고, 그 사람이 곧 생각이라는 것을 알 수 있다. 다시 말해, 그 사람의 생각에 의해 혼연일체渾然一體, 즉 생각과 행동과 의지 따위가 완전히 하나가 되어 움직인다는 것을 의미한다고 하겠다.

"생각하는 대로 살지 않으면 사는 대로 생각하게 된다."

이는 프랑스의 시인 폴 발레리Paul Valery의 말로 생각의 중요성을 잘 알게 한다. 이 말의 요점은 자신이 생각하는 대로 살라는 말이다. 즉 자신의 하고 싶은 것, 원하는 것에 대해 그렇게 살기를 생각하고 실천한다면, 결국엔 그렇게 살게 된다는 의미이다. 이런 삶이야말로 적극적이고, 긍정적이고, 생산적인 삶을 사는 최선의 삶인 것이다.

에머슨과 필과 폴 발레리가 말한 것처럼 생각은 곧 그 사람 자체라는 걸 알 수 있다. 그런 까닭에 분별없이 말하고 행동하는 것을 삼가야 한다.

로마 제국 제16대 황제이자 철학자인 마르쿠스 아우렐리우스는 황제에 오르기 전인 청년기에 노예 출신의 스토아 철학자인 에픽테토스의《담론》을 탐독하기를 즐겼다. 그가 철학에 흥미가 있었기 때문인데, 그 결과 스토아 철학자의 반열에 올라서게 되었다. 여기서 마르쿠스 아우렐리우스에게 영향을 준 스토아 학파Stoicism에 대해 잠시 살펴보는 것도 그를 이해하는 데 도움이 될 것이다.

스토아 학파는 그리스 로마 철학의 학파로 스토아란 원래 전방을 기둥으로 후방을 벽으로 둘러싼 고대 그리스의 공공건축을 의미한다. 이 학파의 창시자 제논이 아테네의 한 스토아에서 강의를 한 데서 연유되었는데, 이 말이 학파 전체를 나타내는 명칭으로 쓰이기 시작했다.

스토아 학파는 역사적으로 3기로 구분되는데 첫째, 고古 스토아 시기는 기원전 3세기로 제논, 클레안테스 등이 이 시기를 대표한다. 둘째, 중기 스토아 시기는 파나이티오스, 포세이도니오스가 이 시기를 대표한다. 셋째는 기원 후 1~2세기를 후기 스토아 시기라고 하는데 세네카, 에픽테토스, 마르쿠스 아우렐리우스가 이 시기를 대표하는 철학자이다.

고古 스토아 시기는 아테네를 중심으로 활동이 전개되었으며, 중기 이후는 로마가 무대가 되었는데 그리스인보다는 소아시아 출신의 셈계 사람들에 의해 이뤄졌다.

스토아 철학은 하나의 핵을 중심으로 형성되고 계승되어 고정된 사상체계가 아니었다. 사람에 따라 그리고 시대에 따라 각기 달랐으며 그런 만큼 다양성을 가졌다. 스토아 학파 사람들은 학문을 우주의 구성, 생성을 주된 대상으로 하는 자연학과 논리학, 윤리학의 세 가지로 분류했다. 그런데 이 세 가지는 각각 독립되지 않고 논리학을 매개로 하여 상호 관련되어 자연학에서 윤리학에 이르는 독특한 세계관을 형성하고 있다. 그런데 고古 스토아 시기에서 후기로 넘어감에 따라 윤리학에 관심이 집중되었다.

스토아 사상의 윤리학은 키니코스 학파의 계보를 따르고, 자연학에서는 헤라클레이토스 영향을 받았다고 할 수 있다. 스토아 학파 사람들은 세속적인 것을 거부하고, 금욕과 극기의 태도를 갖고자 하였으며, 실천적 경향과 유물론적 일원론은 각각 키니코스 학파와 헤라클레이토스의 영향을 받은 것으로 불 수 있다.

스토아의 근본 특징은 이 세계에 존재하는 것은 모두 물체이며, 어떤 불과 같이 미세한 물질로 구성되어 있다고 하는 자연학에 있다. 나아가 스토아에게는 우주 만물은 동질이며 상호 밀접하게 관련된 것으로 생각하고 있어 한 발 나아가면 신, 자연, 운명, 섭리는 동의어로 되어 있다고 할 수 있다.

스토아 사상은 고대 말기에서 현대에 이르기까지 철학, 종교, 문학 분야에서 커다란 영향을 끼쳤다. 플라톤은 신플라톤주의 기초를 확립했고, 알렉산드리아의 클레멘스는 그리스도교를 신학으로 체계화했으며, 후기 스토아의 윤리 사상은 몽테뉴 등의 사상가에게 처세훈으로 큰 영향을 주었다.

스토아 철학을 공부함으로써 깊은 깨달음을 얻고 철학자가 된 마르쿠스 아우렐리우스는 40세에 황제에 즉위했다. 황제에 오른 그는 민생을 보살피는 일에 열정을 쏟느라 헛되이 시간을 쓴 적이 없었다. 민생을 잘 보살피는 황제가 국민들의 존경을 받는 것은 당연하다. 그는 무소불위의 권력을 지닌 황제였지만 스토아 학파의 철학자로서 권력을 앞세우기보다는 모든 것을 합리적으로 처리했다.

특히 그는 법률 분야에 탁월한 지식과 흥미를 가지고 있었다. 그는 수많은 법령을 만들었으며 사법 판결에 따르도록 했다. 민사법의 비정상적인 법률과 가혹한 조항을 삭제하여 노예를 비롯한 과부, 소수민족과 같이 국가의 혜택을 적게 받거나 거의 받지 못하는 계층의 비율을 줄여 나갔다. 상속 분야에서 혈

우리의 인생은 우리의 생각에 의해 만들어진다

연을 인정한 것도 그의 업적이다. 그가 법에 관심을 가졌던 이유는 인간의 권리를 보호함으로써 민생들의 행복한 삶을 법률적으로 보장해주고 싶었기 때문이다. 그는 권력자가 아닌 봉사와 헌신의 정신으로 황제의 직무를 수행했다.

전임 황제들이 그리스도교들을 탄압하고 그들의 삶을 옥죄었던 것에 대해 그는 비판적인 견해를 가졌다. 그는 그들에게 어떤 탄압도 가하지 않았다. 그는 그리스도교들 역시 인간의 권리를 가진 존재로 인식했다. 그는 어떤 상황에서도 자신의 철학을 흔들림 없이 실행에 옮겼다.

마르쿠스 아우렐리우스는 황제로서 수많은 재난을 겪었다. 동쪽으로는 파르티아 제국이, 북쪽에서는 게르만족이 거듭 침략해 왔다. 그는 로마 제국의 황제 중 가장 많은 시간을 전쟁터에서 보냈다.

마르쿠스 아우렐리우스는 철학자로서의 본분을 착실히 실행한 실천가였다. 그는 어려운 직무를 수행하면서도 공부와 사색을 멈추지 않았다. 자신이 겪는 난관을 통해 깨달음을 얻었으며 그것을 문장으로 옮겨 놓았다. 그는 깨달음이 있는 곳이면 장소를 가리지 않고 차곡차곡 문장으로 쌓아올렸다. 그는 황제이기 전에 철학자였으며, 학자였다.

평화로운 시기에는 주어진 업무만 제대로 수행하면 국민에게 존경받는 지도자, 사랑받는 지도자가 될 수 있다. 반면 격변기 혹은 위태로운 시기에 지도자가 되는 것은 쉽지 않다. 무거운 짐을 등에 지고 산 정상을 맨발로 오르는 것보다 더 힘들고 고달프다. 마르쿠스 아우렐리우스의 위대함은 격변기를 극복하고 자신의 삶을 성공적으로 이끌어 낸 데 있다.

"우리의 인생은 우리의 생각에 의해 만들어진다."

마르쿠스 아우렐리우스의 생애가 응축되어 있는 말이다. 그는 자신이 경험했던 숱한 고난을 극복하며 로마의 위대한 황제로 거듭났다. 그가 인생을 성공적으로 살 수 있었던 것은 자신의 말대로 자신의 생각대로 노력하고 실천했기 때문이다.

그렇다. 그 사람의 생각은 곧 그 사람 인생의 설계도이다. 그런 까닭에 자신이 생각한 대로 살아야 한다. 그렇게 할 때 자신이 원하는 것을 성취할 수 있기 때문이다.

자신의 마음속 움직임에 주의를 기울여라

다른 사람의 마음속에서
무슨 일이 일어나고 있는지에 대해
무관심하다고 불행해지지 않는다.
그러나 자신의 마음속 움직임에 주의를 기울이지
않는 사람은 불행해질 수밖에 없을 것이다.

명상록 05

자신이 원하는 일을 행함으로써 행복하게 살길 바란다면 자신의 마음속 움직임에 주의를 기울일 줄 알아야 한다. 그래야 내가 지금 무엇을 원하는지, 무엇을 좋아하는지, 무엇을 싫어하는지 등 자신의 마음속에서 일어나는 변화를 제대로 읽어낼 수 있게 된다. 또 그렇게 함으로써 자신의 마음이 바라는 대로 대처하고 집중하게 된다. 그리고 마침내 자신이 바라는 것을 이루어 스스로를 즐겁게 하고 행복하게 할 수 있다.

마음은 간절히 원하는데 게을러서, 하기 귀찮아서 또는 다른

이유로 하지 않는다면 이는 스스로를 불행하게 하는 요인으로
작용한다. 이러한 부정적인 행동은 반드시 고쳐야 한다.

그런데 사람들 중에는 자신의 마음속 움직임에 주의를 기울
여 자신이 마음의 주체가 되기보다는 다른 사람들에게 관심을
갖고, 타인에 의해 수동적으로 움직이고 행동하는 이들이 있
다. 이런 사람들은 주체적이지 못하고 항상 수동적으로 움직인
다. 그런 까닭에 자신의 내면에 내재되어 있는 능력을 발휘하
는 기회를 놓치게 되는 경우가 비일비재하다.

자신의 마음속 움직임에 주의를 기울인다는 것은 자기 마음
의 주인이 되어야 함을 뜻한다. 이를 좀 더 부연한다면 자기 마
음의 주인이 되면, 마음의 움직임을 스스로 조정할 수 있기 때
문이다. 그런 까닭에 자신이 원하는 것을 자신의 의지대로 해
나갈 수 있다.

왜일까? 이런 사람은 능동적이고 자기 주체적이다. 그래서
무엇을 하더라도 생산적이고 창의적으로 시도함으로써 스스
로를 즐겁게 하고 행복하게 한다.

다음은 자기 마음의 주인이 되어 주체적으로 삶을 이끌어 냄
으로써 많은 사람들에게 나도 할 수 있다는 귀감이 된 이야기다.

패션 사진의 거장이자 영화감독인 사라 문Sarah Moon. 그녀는
패션모델 출신의 사진작가다. 그것도 패션을 전문으로 하는 패

션사진가다. 사라 문의 작품 세계는 환상적이고 동화적이라는 평을 받고 있다. 일흔이 다 된 나이에 그런 환상적인 작품세계를 보일 수 있는 것에 대해 그녀는 다음과 같이 말한다.

"난 어린아이의 영혼을 아직 간직하고 있다. 예전 열정을 그대로 유지하고 있다는 것에 대해 나 자신도 놀라고 있다. 현실도 중요하지만 허구의 세계를 찍기 위해 노력하고 있다."

과연 그녀다운 말이다. 사라 문은 자신의 존재를 매우 중요하게 여긴다. 그녀의 그런 생각은 자기다운 것에 몰두하게 만든다. 즉, 남의 것과 비슷한 것이 아닌 완전히 자기다운 것을 원한다. 이러한 그녀의 생각은 그녀의 말에서 잘 나타난다.

"나는 나 자신을 위한 작업을 한다. 패션계의 주문을 받아도 지금 스타일과는 다른, 좀 더 틀에 박히지 않고 풍부하게 표현하려는 나만의 작업을 한다."

그녀는 자신의 말처럼 개성적이고 자기다운 것을 매우 중시한다. 이런 그녀의 장인정신이 그녀를 성공한 인생으로 만든 것이다.

그녀는 자신을 장인이라고 말하는 데 주저하지 않는다. 장인 역시 예술가이기 때문이라는 게 그녀의 생각이다.

사라 문은 패션사진만 찍지 않는다. 영화도 한다. 그녀가 패션모델을 하다 진로를 사진가로 바꾸고, 영화로 바꿀 수 있었던 것은 자기 마음의 주인이 되어 주체적으로 삶을 이끌어 내고 싶었기 때문이다.

자기 마음의 주인이 되어 자신이 추구하는 삶을 지향함으로써 성공적인 인생을 쓴 또 한 사람이 있다. 그는 미국 역사상 가장 위대한 시인으로, 사상가로 국민들로부터 깊은 존경을 받았던 랄프 왈도 에머슨Ralph Waldo Emerson이다. 그에 대한 이야기다.

에머슨의 가문은 7대에 걸쳐 대대로 성직을 이어왔다. 그의 아버지 또한 유니테리언 교회 목사였다. 이러한 종교적 분위기는 어린 그에게 자연스럽게 녹아들었다. 그는 보스턴공립 라틴어 학교에 입학해 공부하면서 시를 즐겨 썼는데 좋은 반응을 얻었다. 하버드대학에 진학한 그는 신학을 공부하고 졸업 후 보스턴 제2교회 목사가 되었다.

에머슨은 뛰어난 설교로 명성을 얻었다. 하지만 그는 목사직을 내려놓게 된다. 그 이유는 크게 두 가지로 들 수 있다. 하나는 아내가 죽고 신앙과 직업에 대해 깊은 회의에 빠져든 것이고, 또 하나는 이전부터 교회의 교리에 대해 의문을 가졌기 때문이다. 그런데다 독일에 있는 형이 기적의 역사적 진실성에

우리의 인생은 우리의 생각에 의해 만들어진다

의혹을 담은 성서비평에 대해 알려주었다. 에머슨은 자신이 했던 설교는 전통적인 교리에서 벗어났고, 개인적인 탐구의 성격을 띠었다는 걸 알았다. 또한 자아를 충족시키는 개인적 교리를 주장했던 것이다.

에머슨은 설교에 있어 그리스도 행적의 자취를 제외하고 자연과 인간의 도덕관에 대한 개인적 직관에 그리스도 신앙을 근본으로 했다. 그리고 그것을 통해 미덕을 성취하는 삶을 궁극적인 목적으로 삼았다. 이런 이유로 결국 그는 성직에서 물러났던 것이다.

이후 에머슨은 직접적인 신앙체험을 원해 유럽 여행을 떠났다. 여행을 마치고 돌아와서는 명저《자연》을 집필하기 시작했다. 그는《자연》을 출간하여 명성을 얻고 영향력 있는 강연가가 되었다. 그는 에세이《자연》에서 어떻게 인간이 자신의 정신적 본성을 발견하며, 계속해서 정신의 궁극적 현실에 도달하기 위해서는 우주의 끊임없이 상승하는 영역을 어떻게 탐구하는가를 보여주었다.

에머슨의《자연》은 정통적 교리에서 떠나 개인적인 체험과 그것을 통해 자아성취를 중심으로 하는 그의 생각은 초절주의라는 사상을 지향하게 되었으며, 뜻을 함께하는 철학자, 문학가들과 같이 초절주의 운동에 심혈을 기울였다. 그는 초절주의의 대표자로서 널리 인정받으며 크게 이름을 떨쳤다. 에머슨은 자신이 지향했던 삶을 통해 깊은 깨달음을 얻은 바, 그에 대해 이렇게 말했다.

"사람은 자기의 행위를 자기가 지배할 수 있는 것이다. 자기 자신에게서 발견하고 자기가 살고 있는 동안 발전시켜 나가지 않으면 안 된다. 그것 이외에 선善이 있다고는 생각하지 마라."

에머슨의 말에서 보듯 자신의 행위를 지배한다는 것은 곧 자기 마음속에서 원하는 것을 실행함을 말한다. 그런 까닭에 마음에서 원하는 것을 실천함으로써 자기가 원하는 것을 이뤘을 때 그 즐거움은, 즐거움을 넘어 행복을 느끼게 하는 것이다.

"자신의 마음속 움직임에 주의를 기울이지 않는 사람은 불행해질 수밖에 없을 것이다."

마르쿠스 아우렐리우스가 한 이 말의 의미는 곧 자기 마음의 주인이 되어 마음이 원하는 것을 실행함으로써 불행해질 수 있는 것으로부터 자신을 행복으로 이끌어 내야 한다는 것이다.

그렇다. 자기 마음의 주인이 되어야 한다. 그래서 자기 마음의 주체가 되어 주의를 기울임으로써 자신을 행복하게 하라.

진리와 지혜와 정의가 꺼지지 않게 하라

등불은 완전히 꺼질 때까지
환하게 빛을 발한다.
그런데 당신 마음속에 진리와 지혜와 정의는
당신이 죽기도 전에 먼저 꺼지려 하는가.

명상록 06

마르쿠스 아우렐리우스는 인생을 살아가는 동안 진리와 지혜와 정의가 마음속에서 사라지지 않아야 함을 강조했다. 이에 대한 그의 말을 보자.

"등불은 완전히 꺼질 때까지 환하게 빛을 발한다. 그런데 당신 마음속에 진리와 지혜와 정의는 당신이 죽기도 전에 먼저 꺼지려 하는가."

마르쿠스 아우렐리우스의 말에서 보듯 진리와 지혜 그리고 정의는 삶을 살아가는 데 있어 반드시 필요하고 지켜져야 한다. 왜일까? 그렇게 될 때 이 사회와 국가는 바르게 흘러가고, 개인과 개인 간에도 조화로울 뿐만 아니라 더불어 살아가는 데 큰 도움이 되기 때문이다.

마르쿠스 아우렐리우스가 말하는 진리와 지혜와 정의에 대해 보편적 관점에서 살펴보는 것도 그의 사상을 이해하는 데 도움이 되리라 생각한다.

진리truth의 사전적 의미는 첫째, 참된 이치 또는 참된 도리를 뜻한다. 둘째는 명제가 사실에 정확하게 들어맞음 또는 논리의 법칙에 모순되지 아니하는 바른 판단, 형식적 의미로 사유의 법칙에 맞는다는 의미에서의 사고의 정당함을 의미한다. 셋째는 언제 어디서나 누구든지 승인할 수 있는 보편적인 법칙이나 사실을 뜻한다.

세 가지 관점에서 볼 때 진리란 참된 이치로 언제나 옳다. 그런 까닭에 태양이 수억 년 전이나 지금이나 온누리에 빛을 밝히듯 진리는 시대를 초월하여 언제나 변함이 없다고 하겠다. 만약 변한다면 그것은 진리가 아니다. 이에 대한 말을 보자.

"진리는 종종 불편할 수 있지만, 결코 변하지 않는다."

이는 유대인으로 영국 수상을 두 번이나 역임한 벤저민 디즈레일리Benjamin Disraeli가 한 말로, 진리에 따라 산다는 것은 때로는 힘들고 어려운 건 사실이다. 하지만 그럼에도 진리를 좇아야 한다. 왜 그럴까. 삶의 행태는 시대에 따라 변할 수 있지만 진리는 불변하기 때문이다.

"진리는 몇 번을 숨길지라도 결국은 나타난다."

이는 미국의 회중교회 목회자이며 신학자인 호레이스 부쉬넬Horace Bushnell이 한 말로, 진리의 속성에 대해 잘 보여준다. 호레이스의 말 또한 진리는 변하지 않는다는 의미이다.

지혜wisdom란 첫째는 사물의 이치를 빨리 깨닫고 사물을 정확하게 처리하는 정신적 능력을 말한다. 둘째는 제법諸法에 환하여 잃고 얻음과 옳고 그름을 가려내는 마음의 작용으로써, 미혹을 소멸하고 보리菩提를 성취함을 뜻한다. 셋째는 하나님의 속성 가운데 하나로, 히브리 사상에서는 지혜의 특성을 근면, 정직, 절제, 순결, 좋은 평판에 대한 관심과 같은 덕행이라고 본다.

세 가지 관점에서 볼 때 지혜란 사물의 이치를 꿰뚫어 보는 통찰력이라고 할 수 있다. 그런 까닭에 지혜로운 사람은 혜안이 뛰어나다. 또한 사물을 분별하는 능력이 뛰어나다.

지혜에 대한 말을 보자.

"지혜는 자신을 아는 데에서 시작되며, 다른 사람들을 이해하는 데에서 완성된다."

이는 소크라테스Socrates가 한 말로, 자신을 안다는 것처럼 어려운 것은 없다. 자신을 아는 것은 오랜 수양을 통해 자신을 바로 볼 수 있는 눈을 길러야 하기 때문이다. 또한 지혜란 다른 사람을 이해하는 데에서 완성된다고 한 것은 깊은 통찰을 의미한다. 왜냐하면 통찰력을 기르면 상대를 여러 가지 측면에서 이해하고 품을 수 있는 넓은 가슴을 지니게 된다. 그런 까닭에 지혜로운 사람은 사물을 보는 눈이 밝고, 사람을 이해하는 품이 넉넉함으로써 사람들로부터 현인賢人으로 존경받는 것이다.

"지혜는 그것을 이용하려고 하는 사람의 머리 위에서만 반짝인다."

이는 《탈무드》에 나오는 말로, 지혜란 지혜를 기르기 위해 노력하는 사람에게 찾아온다는 것을 의미한다. 다시 말해 지혜를 기르기 위해서 노력하라는 말이다. 그런 까닭에 지혜로운 사람이 되기 위해서는 인내심을 갖고 꾸준히 공부하고 경

우리의 인생은 우리의 생각에 의해 만들어진다

험을 쌓아야 한다.

정의Justice란 첫째는 진리에 맞는 올바른 도리를 뜻한다. 둘째
는 바른 의의意義를 뜻한다. 셋째는 개인 간의 올바른 도리 또는
사회를 구성하고 유지하는 공정한 도리를 뜻하는 말이다.

세 가지 관점에서 볼 때 정의는 진리에 대한 올바른 도리와
어떤 사실이나 행위가 갖는 중요한 가치성이라고 할 수 있다.
그런 까닭에 정의로운 사람은 정직하고 바른 가치관과 의리를
지님으로써 사람들에게 믿음과 신뢰를 주는 것이다. 정의에 대
한 말을 보자.

"정의는 법의 공평성과 규칙을 준수하는 것과 같다."

이는 미국 제35대 대통령으로 '뉴 프런티어New Frontier' 정책을
내세워 세계 냉전 해소에 지대한 영향을 끼친 정치가 존 F. 케
네디John Fitzgerald Kennedy가 한 말로, 정의가 무엇인지를 잘 보여
준다. 그런 까닭에 법을 집행하는 데 있어 공평해야 하고, 개개
인은 매사에 규칙을 잘 지켜야 한다. 정의로운 사람이 누구에
게나 인정받는 것은 그 사람 자체가 정의롭기 때문이다.

"정의는 우리가 세상을 변화시키는 도구이다."

이는 남아프리카공화국 최초의 흑인 대통령인 넬슨 만델라가 한 말로, 정의가 세상을 바르고 평등하게 만드는 데 있어 반드시 필요함을 잘 보여준다. 그런데 정의가 제대로 작동하지 않는다고 생각해보라. 그 사회와 국가는 큰 혼란으로 인해 자멸할 것이다. 그런 까닭에 정의는 반드시 필요하고 준수해야 하는 것이다.

진리와 지혜, 정의에 대해 간략하게 살펴보았다. 이 세 가지는 바르고 의로운 사회와 국가를 위해 그리고 개인의 자유롭고 평화로운 삶을 위해 반드시 필요하다.

마르쿠스 아우렐리우스는 황제로서 나라를 통치하는 과정에서 진리와 지혜와 정의가 강건한 국가를 위해, 건강한 사회를 위해, 시민 개개인을 위해 얼마나 중요한지를 잘 알았던 것이다. 그런 까닭에 그가 말한 진리와 지혜와 정의가 마음속에서 사라지지 않도록 해야 한다. 그러기 위해서는 진리를 탐구하고, 지혜를 길러야 하며, 작은 일에서부터 정의롭게 실천해야 한다.

그렇다. 이 사회와 국가가 바르게 흘러가고, 개인과 개인 간에도 조화롭게 더불어 살아가기 위해서는 진리와 지혜, 정의가 큰 도움이 된다는 것을 잊지 말아야겠다.

우리가 살면서 하지 말아야 할 것들

올바른 일이 아니면 행하지 마라.
진실이 아니라면 말하지 마라.
그리고 당신의 욕망을 억제하라.

명상록 07

'길이 아니면 가지 마라'라는 말이 있다. 이 말은 여러 가지 의미를 내포하고 있다. 첫째, 사람으로서 행해서 안 되는 일은 하지 말아야 하며 둘째, 자신에게 맞지 않는 것은 굳이 하지 말아야 하며 셋째, 진리를 벗어나 정의롭지 않은 일은 하지 말아야 하는 등이 그것이다.

그렇다면 왜 이런 일은 하지 말아야 하는 걸까? 너무 빤하지만, 백 번을 말하고 천만 번을 말해도 사람의 도리에서 벗어나는 일이며, 올바르지 않은 그릇된 일이기 때문이다.

그런데 그걸 알면서도 버젓이 그 길을 가는 이들이 있으니 큰 문제가 아닐 수 없다. 이에 대해 마르쿠스 아우렐리우스는 이렇게 말했다.

"올바른 일이 아니면 행하지 마라. 진실이 아니라면 말하지 마라. 그리고 당신의 욕망을 억제하라."

마르쿠스 아우렐리우스의 말에서 보듯 올바른 일이 아니면 행하지 말아야 한다. 그것은 자신은 물론 주변 사람들을 망치는 해악이기 때문이다. 또한 진실에서 벗어나는 말이나 행동 역시 해서는 안 된다. 그것 또한 사회악이기 때문이다. 그리고 욕망을 억제하라고 한 것은 지나친 욕망은 탐욕이므로 자신이나 주변 사람들에게 부정적으로 작용하기 때문이다.

마르쿠스 아우렐리우스 말을 한마디로 함축한다면 진실에서 벗어나는 탐욕적이고 옳지 않은 일은 절대 금하라는 것이다. 진실하고 탐욕적이지 않은 사람은 인간의 도리에 벗어나는 길에는 발을 담그지 않는다. 또 그런 부류의 사람들과는 함께하지 않으며, 어떤 상황에서도 정도正道를 벗어나지 않는다.

"복 있는 사람은 악인들의 꾀를 따르지 아니하며 죄인들의 길에 서지 아니하며 오만한 자들의 자리에 앉지 아니하고."

이는 구약성경 시편(1편)에 나오는 말로, 정의롭고 인간답게 사는 길에 대해 잘 보여준다. 물론 이는 성경적 관점에서 말하는 것이지만, 성경은 인간이 어떻게 살아야 하는지에(종교적 관점을 떠나서 보더라도) 대해 잘 보여준다. 왜냐하면 기독교의 본질은 죄를 짓지 않고, 인간의 본질을 지키며 사는 것(여기서 하나님에 대한 믿음과 구원적인 문제는 제외하고)이기 때문이다. 그런 까닭에 바른 생각, 바른 마음가짐을 지닌 사람은 인간의 본질을 벗어남이 없이 정도를 지키며 살아가는 것이다.

　"누구에게나 상냥하고 친절하게 대하는 것은 큰 잘못이다. 왜냐하면 마음이 의롭고 선량한 사람에게는 그에 걸맞은 친절로 대하는 것은 맞지만, 부정한 사람이나 어리석은 사람은 엄중하게 꾸짖어야 한다. 이것이 정의로운 공평인 것이다. 꾸짖어야 할 상대에게 친절하게 대하는 것은 상대방을 더욱 악화시킬 뿐이다. 이는 아첨이고 가식적인 일이다. 혹은 악에 굴복하거나 가담하는 것이라고 할 수 있다. 그리고 이것은 자신의 마음까지도 타락시킨다."

　이는 《논어論語》〈헌문편憲問篇〉에 있는 문장으로, 사람답게 사는 사람과 그렇지 않은 사람을 똑같이 대하지 말라는 의미이다. 그 이유는 사람답게 사는 사람은 친절하게 그러니까 잘 대해주는 것이 마땅하지만, 그렇지 않은 사람은 엄중하게 꾸짖어야 한다는 것이다. 왜냐하면 꾸짖어야 할 사람에게 잘 대해주는 것은 그 사람이 잘못되게 행동하는 것을 방치하는 것과 같고 악에 굴복하거나 가담하는 일과 같기 때문이라는 것이다. 그리고 나아가 자신을 타락시키는 일이라는 것이다.

이를 좀 더 정리하자면 사람의 도리를 잘 지키는 사람은 올바른 사람이니 함께해도 좋지만, 그렇지 않은 사람은 함께하지 말아야 한다는 것을 의미한다. 그것은 진실이 결여됐기에 그렇게 한다는 것은 진실한 행동이 아니라는 것이다.

옳은 지적이다. 인간답게 인간의 길을 가는 사람은 칭찬하고 격려하는 것이 당연한 일이다. 하지만 잘못된 길을 가는 사람은 바르게 가도록 인도해주되, 그런데도 제멋대로 구는 사람과는 거리를 두는 것이 좋다.

공자孔子와 마르쿠스 아우렐리우스와 같은 현인이 하는 말이니 이를 가슴에 새겨 실천한다면 그 어떤 상황에서도 정도를 지키며 인간답게 살아가는 데 있어 큰 도움이 될 것이다.

우리의 인생은 우리의 생각에 의해 만들어진다

일부를 보지 말고 사물의 전체를 보라

항상
사물의 전체를 보라.

명상록 08

'나무는 보되 숲을 보지 못한다'는 말이 있다. 이는 근시안적
인 태도를 벗어나지 못하는 것을 비유적으로 표현한 말이다.
이런 자세로는 그 어떤 일을 하더라도 제대로 하지 못한다. 그
저 대충대충 하는 격(格)이니 어찌 온전하게 행할 수 있을까.

사물을 볼 땐 사물의 어떤 부분만을 볼 게 아니라 세심하게
전체를 보도록 해야 한다. 그래야 사물을 깊이 있고, 넓게 이해
하게 됨으로써 제대로 일을 해나갈 수 있기 때문이다.

또한 사람을 사귈 때도 마찬가지다. 그 사람의 외모만 본다든

가, 번듯한 직업만 본다든가, 재력만 본다든가, 학벌만 본다든가 하는 등의 우를 범해서는 안 된다. 그것은 그 사람의 진정성이 어떠한지, 인격이 어떠한지, 이상理想이 어떠한지를 가림으로써 그의 본모습을 제대로 살피지 못하게 한다. 그런 까닭에 사물을 볼 때나 사람을 대할 때는 잘 살피는 눈이 필요하다.

다음은 이에 대해 깊은 깨달음을 주는 이야기다.

일이관지一以貫之라는 말이 있다.《논어論語》〈위령공衛靈公〉편에 나오는 말이다. 이는 '하나로써 그것을 꿰뚫는다'는 뜻으로, 처음부터 끝까지 변하지 않거나 초지일관 끝까지 밀고 나가는 것을 일러 하는 말이다. 이 말이 생긴 유래이다.

공자孔子가 제자인 자공子貢에게 물었다.

"자공아, 너는 내가 많이 배워서 기억하는 사람이라고 생각하느냐?"

자공이 말했다.

"그렇습니다. 그렇지 아니하신지요?"

이에 공자가 말했다.

"그렇지 않다. 나는 하나로써 그것을 꿰뚫었을 뿐이니라."

공자가 자공에게 이를 질문한 것은 자공은 아는 것이 많고 이재에 밝았지만, 그 근본을 아는 깨우침을 일깨우기 위해서였다.

우리의 인생은 우리의 생각에 의해 만들어진다

공자의 물음에 대해 정확히 알고 있는 제자는 증자曾子뿐이었다. 이는 〈이인편里人篇〉에 나와 있다.

공자가 증자에게 물었다.

"증자야, 나의 도는 하나로써 꿰었도다."

이에 증자가 말했다.

"옳습니다."

공자가 나가자 제자들이 무엇을 이른 거냐고 물었다. 이에 증자가 말했다.

"선생님의 도는 충忠과 서恕일 뿐이다."

공자의 도道는 충과 서라는 것이 증자의 답변이었다. 여기서 '충'은 '참마음', '진실'을 뜻한다. 그리고 '서'는 '깨닫다', '밝게 알다'라는 뜻이다. 그러니까 스승인 공자는 진실하고 참되게 깨달아 밝게 안다는 것이다. 이런 깨달음이니 어찌 그 깊이가 깊지 아니하고 넓지 아니하겠는가.

그렇다면 공자의 충과 서는 어디에서 왔는가. 그것은 바로 어진 마음, 즉 '인仁'에서 온 것이다. 인은 공자 사상의 핵심이자 전체를 관통하는 것으로써 자신에게 하듯 타인에 대한 사랑이며 행위라고 할 수 있다.

공자가 일이관지의 경지에 이른 것은 깊은 사색과 수양에 있음이다. 그런데 대개의 사람들은 매사를 근시안적으로 보기 때문에 나무를 보고도 숲을 보지 못하는 것이다. 그런 까닭에 지혜가 얕고, 몸과 마음이 미숙하고, 사려가 깊지 못함으로써 인간의 도리를 잘 행하지 못하는 것이다.

마르쿠스 아우렐리우스 또한 사물을 대할 땐 전체를 볼 수 있어야 한다고 강조했다. 그의 말을 보자.

"항상 사물의 전체를 보라."

마르쿠스 아우렐리우스가 항상 사물을 보되 전체를 보라고 한 것은 공자의 '일이관지'와 맥을 같이 한다고 할 수 있다.

참된 사람으로 참되게 살기 위해서는 몸과 마음을 정결히 하고 수양함으로써 사물을 깊이 깨닫는 눈을 길러야 한다. 그렇게 될 때 나무도 보고 숲도 보는 혜안이 열려 삶을 가치 있게 살아가게 된다.

진정으로 우리가 목표로 삼아야 할 것

목적 없이 닥치는 대로
행동하지 마라.
모든 사람의
이익을 위한 것만
당신의 목표로 삼아라.

명상록 09

목적 없이 되는 대로 산다는 것은 제대로 된 삶을 살 수 있는 기회를 놓치는 것과 같다. 생각해보라. 목표를 세우고 전력을 다해도 자신이 원하는 것을 얻을까 말까 한데, 나침반 없이 배가 항해함으로써 뱃길에서 벗어나 암초를 만나듯 삶의 암초를 만날 수 있기 때문이다. 그러니 어떻게 자신이 바라는 삶을 살 수 있을까.

"목적 없이 닥치는 대로 행동하지 마라. 모든 사람의 이익을 위한 것만 당신의 목표로 삼아라."

이는 마르쿠스 아우렐리우스가 한 말로, 무엇을 할 땐 목적을
세워서 실천해야 함을 뜻한다. 그리고 그것은 자신만이 아닌
모든 사람의 이익이 되어야 한다는 것이다. 보통 사람으로서
이렇게 한다는 것은 쉽지 않다. 그러나 그렇게 해야 한다는 게
그의 생각이다.

왜 우리는 모든 사람의 이익을 위한 목표를 세워야만 하는 걸
까? 다음은 이에 대한 의미를 잘 알게 하는 이야기다.

세계 음악사에서 가장 뛰어난 천재 음악가로 평가 받는 루트
비히 판 베토벤Ludwig van Beethoven. 그가 많은 이들로부터 아낌없
는 존경과 사랑을 받는 것은 단지 그가 뛰어난 음악가이기 때
문만은 아니다.

베토벤은 음악가로서 가장 중요한 청력을 잃어가는 절망적
인 상황 속에서도 음악을 놓지 않았다. 귀가 들리지 않으면 마
음으로 소리를 들으며 주옥같은 곡을 써내려갔다. 대중은 베
토벤의 집념에 감탄했고 그의 삶으로 인해 희망과 용기를 얻
었다.

물론 베토벤 역시 사람이기 때문에 청력을 잃어간다는 사실
에 슬퍼했고 절망했다. 슬픔을 감당할 수 없어 두 동생에게 유

서를 쓰기도 했다. 죽음만이 절망과 슬픔에서 벗어나는 길이라고 생각했기 때문이다.

그럼에도 그는 죽지 않았다. 그는 자신이 살아야만 하는 목적이 있었기 때문이다. 그의 목적은 살아서 하고 싶은 음악을 계속하는 것이 자신을 진정으로 위하는 일이고 목숨처럼 소중한 음악을 배반하지 않는 길이라 여겼던 것이다. 그런 까닭에 굳은 삶의 의지를 다질 수 있었다.

그는 힘들 때마다 자신의 음악을 통해 위로 받고 행복해하는 사람들을 떠올렸다. 그는 자신에게 많은 사랑을 주었던 사람들을 위해 보다 아름답고 멋진 음악을 들려주기로 결심했다. 그것이 자신에게 닥친 불행을 극복하는 최선의 길이라고 생각했던 것이다.

베토벤은 음악과 대중을 아끼고 사랑한 예술가였다. 그는 사람들에게 기쁨과 희망을 주는 것이 자신의 소망이라고 입버릇처럼 말했다. 자신의 음악을 사랑해주는 대중을 위해서라면 절망적인 시련에도 굴하지 않았다. 그는 피나는 노력을 한시도 거르지 않으며 음악에 정진했다.

사람들을 향한 베토벤의 애정은 어린 시절 그가 처했던 환경적인 영향이 크다. 그는 일찍이 어머니를 여의고 동생들을 거두는 가장이 되었다. 가족을 사랑하는 따뜻한 마음이 없으면 가장이 될 수 없다. 그 역시 가족을 끔찍이 아꼈는데 이런 가족 사랑은 음악을 아끼고 사랑하는 이들에게도 고스란히 나타났다. 그는 사람들에게 자신의 음악을 들려주는 것을 가장 큰 기쁨과 행복으로 여겼다. 베토벤은 친구에게 보낸 편지에 자신의 마음을 다음과 같이 고백했다.

"남을 위해 일한다는 것은 어린 시절부터 나의 최대의 행복이었고 즐거움이었다."

베토벤의 말에는 그가 사람들을 얼마나 아끼고 사랑했는지가 잘 나타나 있다. 그는 사람들을 진정으로 사랑하고 아낄 줄 아는 자애롭고 따뜻한 품성을 지닌 음악가였다.

사람들은 그의 이름 앞에 '음악의 성자'라는 뜻의 '악성'이라는 말을 붙이며 최고의 음악가라는 찬사를 아끼지 않았다. 그는 동료 음악가들에게도 존경의 대상이었다. 특히 가곡의 왕으로 불리는 슈베르트는 베토벤을 그 누구보다 존경했다.

슈베르트는 베토벤을 너무나 닮고 싶은 나머지 베토벤이 좋아하는 음식을 먹으며 머리와 옷 입는 스타일을 그대로 따라했다. 베토벤의 몸과 마음을 그대로 복제하고 싶었던 것이다. 슈베르트는 죽음이 임박했을 때도 주변 사람들에게 베토벤의 묘지 곁에 묻어 달라고 할 정도로 그를 동경했다. 사람들에게 행복을 주기 위해 부단히 노력했던 베토벤의 넉넉한 마음은 그

우리의 인생은 우리의 생각에 의해 만들어진다

를 최고의 음악가로 만들었다.

이 이야기에서 알 수 있듯 베토벤의 삶의 목적은 음악을 통해 모든 사람들에게 기쁨과 행복을 심어주는 거였다. 청력을 잃는다는 것은 음악가에겐 치명적인 일이 아닐 수 없다. 그런데 그는 절망적인 상황에서도 자신의 의지를 굳건히 하여 세계 음악사에서 최고의 음악가가 되었다. 그가 최고의 음악가가 될 수 있었던 힘은 마르쿠스 아우렐리우스의 말처럼 '모든 사람의 이익을 목표로 삼고' 음악에 매진했기 때문이다.

"남을 위해 살지 않는 삶은 삶이 아니다."

이는 사랑의 성녀로 추앙받는 마더 테레사Mother Teresa 수녀가 한 말로, 그녀가 평생을 추구했던 삶의 목적이 잘 드러나는 말이다.

키 150센티미터의 단신으로 평생을 가난한 자들을 위해 헌신하고 사랑을 바쳤던, 성녀로 추앙받은 마더 테레사 수녀. 그녀는 조국 옛 유고슬라비아를 떠나 아일랜드에 있는 로레트 수녀원에서 수련생활을 하며 수녀로서의 수업을 쌓았다. 그리고 1928년 낯설고 물설은 인도로 왔다.

테레사 수녀는 1929부터 1948년까지 캘커타의 성 마리아 고등학교에서 지리를 가르쳤다. 그 후 1950년 '사랑의 선교회'를 창설하여 가난하고 소외받고 병든 자들을 위해 헌신했다. 그녀는 전 세계에 수백 개가 넘는 사랑의 집을 세웠다.

마더 테레사의 헌신적인 사랑과 봉사는 세계적으로 널리 알려졌고 '살아있는 성녀'라는 칭호를 들을 정도였다. 스웨덴 한림원은 이런 마더 테레사의 공을 높이 사 1979년 노벨평화상을 수여했다.

마더 테레사가 펼쳤던 사랑은 '헌신' 바로 그 자체였다. 그 어떤 대가나 물질이 따르지 않는 오직 자신의 모든 것을 다 바쳐 희생정신으로 일관해야만 하는 그런 사랑의 봉사였다.

마르쿠스 아우렐리우스가 했던 말이나 마더 테레사의 말은 표현은 다르지만 추구하는 삶의 목적은 같다. 그런 까닭에 이들이 했던 말을 10의 1만이라도 실행할 수 있다면, 그것만으로도 충분히 의미 있는 삶을 산다고 할 수 있다. 나아가 그것은 자신을 위한 가치 있는 삶이므로 스스로에게 자부심과 행복을 심어주기에 부족함이 없다고 하겠다.

우리의 인생은 우리의 생각에 의해 만들어진다

자신이 하는 일에 만족하라

당신이 익힌 직업이
아무리 보잘것없는 것일지라도
애정을 가지고 그것에 만족하라.
당신의 온 정성을 다해
신을 섬기는 사람처럼 보내라.

명상록 10

"나는 일생 동안 하루도 일을 안 한 적이 없다. 왜냐하면 모두가 즐거운 위안이었기 때문이다."

이는 토머스 에디슨Thomas Edison이 한 말로 일에 대한 그의 철학을 잘 알 수 있다. 즉, 에디슨은 일을 일로 생각하지 않았다는 것이다. 그는 일을 즐거움 자체로 보았다. 그랬기에 그는 전구 하나를 발명하는데도 9,999번이나 실패한 끝에 성공할 수 있었던 것이다. 만일 그가 일을 단지 밥벌이의 수단으로 생각했다면, 그는 천 가지가 넘는 위대한 발명을 하지 못했을 것이다. 그의 말처럼 일 자체가 즐거운 위안이었기에 그는 즐기면서 일을 할 수 있었고, 세계에서 전무후무한 발명으로 인류 공영에 기여했던 것이다.

"단 1분간도 쉴 수 없을 때처럼 행복한 일은 없다. 일하는 것, 이것만이 내가 살고 있다는 증거다."

이는 《파브르 곤충기》의 저자인 장 앙리 파브르Jean Henri Fabre 가 한 말로 일에 대한 그의 철학을 잘 알게 한다. 가난한 어린 시절을 보내고 고학을 하며 교사가 된 그는 곤충 연구에 뜻을 두고, 온 힘을 기울여 곤충을 관찰하고 연구하여 곤충학의 대가가 되었다. 그는 가난하고 남루한 가정생활에도 굴하지 않고, 곤충을 관찰하고 연구하여 곤충학이라는 학문을 발전시키는 데 크게 기여했다. 일은 그에게 있어 행복 그 자체였고, 일함으로써 그는 자신의 존재 가치를 드높일 수 있었다.

"사람들은 어떻게 하면 성공할 수 있는지에 대해 알고자 한다. 그러나 성공의 방법도 비결도 알 필요가 없다. 성공의 방법과 비결이 따로 있는 것이 아니다. 만일 그 방법이나 비결이 있다면 그것을 멀리 찾을 것도 없이 당신의 손닿을 곳에 있다. 당신의

우리의 인생은 우리의 생각에 의해 만들어진다

할 일이 비록 작은 일일지라도 전력을 다하라. 성공으로 향하는 길은 당신의 의무와 당신이 할 수 있는 일 속에 있다. 성공한 모든 사람들은 그 자신이 할 수 있는 일들을 게을리하지 않고 꾸준히 해 나간 사람들이다.”

이는 미국 백화점 왕으로 불리는 존 워너메이커John Wanamaker 가 한 말로 일에 대한 그의 생각과 철학을 잘 알게 한다. 그는 가난하게 자랐지만, 꿈이 있었다. 그 꿈은 언제나 그에게 힘을 주었다. 그는 허드렛일부터 닥치는 대로 했고, 성실성을 인정받아 백화점에서 일하는 기회를 얻게 되었다. 그는 작은 일에도 최선을 다했고, 친절과 성실로써 고객들을 대해 고객들로부터 칭찬이 자자했다. 그러자 백화점 경영진에서는 그를 총지배인으로 발령을 냈고 마침내 그는 백화점 사장이 되었다.

그가 그렇게 될 수 있었던 것은 자신의 말대로 작은 일에도 전력을 다해 노력한 결과였다. 친절과 성실은 워너메이커의 삶에 있어 상징과도 같은 덕목이다. 그랬기에 그는 친절과 성실의 대명사가 되었으며, 후세 사람들로부터도 존경받는 인물이 되었던 것이다.

마르쿠스 아우렐리우스 또한 일에 대한 철학이 분명했다. 그는 “당신이 익힌 직업이 아무리 보잘것없는 것일지라도 애정을 가지고 그것에 만족하라. 온 정성을 다해 신을 섬기는 사람처럼 보내라"고 말했다. 참으로 지당한 말이 아닐 수 없다.

일이란 의식주를 해결하는 수단이자 자아를 성찰하는 수단이다. 단지 의식주를 해결하는 수단으로만 생각한다면, 일은 때론 고역이 될 수 있다. 하지만 에디슨과 장 앙리 파브르처럼 자아를 성찰하는 수단으로 생각한다면 일은 즐거움을 주고 성취감을 주는 수단으로 여겨 일을 즐겁게 하게 된다. 그리고 워너 메이커와 마르쿠스 아우렐리우스의 말처럼 비록 보잘것없는 일일지라도 최선을 다해 일하면 훗날 크게 성공할 수 있는 기회를 갖게 될 수도 있음을 알아야 한다.

그렇다. 일을 하되 즐기면서 하라. 그러면 힘든 일도 능히 해내게 된다. 또한 비록 하찮은 일일지라도 애정을 다해 일한다면 뜻하지 않게 좋은 결과를 얻게 될 수 있음을 기억해야 할 것이다.

우리가 온 힘을 기울여야 할 것들

우리가 온 힘을
기울여야 할 것은 어떤 것일까?
올바른 생각, 사회적인 행동, 거짓 없는 말,
그리고 일어나는 모든 일은
이미 예정된 것이며 하나의
근본 원리에서 흘러나온 것임을 깨닫고
즐겁게 받아들이는 마음가짐 등이다.

명상록 11

마르쿠스 아우렐리우스는 올바른 생각, 사회적인 행동, 거짓 없는 말 그리고 일어나는 모든 일은 이미 예정된 것이며 하나의 근본 원리에서 흘러나온 것이라고 말한다. 그런 까닭에 즐겁게 받아들이는 마음가짐이 필요하다고 말한다. 그리고 이 모든 것을 온 힘을 다해 받아들여야 한다고 말한다.

올바른 삶을 살아가기 위해서는 올바른 생각을 해야 한다. 생각이 바르지 못하면 절대 올바른 삶을 살아갈 수 없다.

왜 그럴까? 모든 행동은 생각에 의해 지배를 받기 때문이다. 그러니까 생각하는 대로 행동하게 되는 것이다. 그래서 어떤 생각을 하느냐는 것은 그 사람의 삶에 있어 매우 중요하다.

사회적인 행동은 사회생활을 하면서 행하는 모든 행동을 말하는 것으로 직장생활, 직장 동료와의 관계, 사회생활, 사람들과의 소통 등을 말한다고 하겠다.

사회생활을 잘하기 위해서는 사회적인 행동을 잘해야 한다. 그러니까 직장에서든 사회에서든 사람들과 원만하게 지내기 위해서는 예절을 잘 지키고, 법을 잘 지키고, 원활한 소통을 통해 따뜻한 인간관계를 잘 이어가야 하는 것이다. 그래야 자신이 하는 일에 큰 도움이 됨으로써 자신이 바라는 것을 이루게 되고, 만족한 삶을 살아가게 된다.

사람들과의 관계에서 믿음과 신뢰를 잘 쌓기 위해서는 정직하게 말해야 한다. 사람은 누구나 정직한 사람에게 믿음이 가고 신뢰가 가는 법이다. 그런 까닭에 절대 거짓을 말해서는 안 된다. 그것은 자신의 믿음을 실추시키는 일이자 자신을 망치는 일인 것이다.

또한 매사를 즐겁게 받아들이는 자세가 필요하다. 무슨 일이든 즐겁게 받아들이게 되면 긍정의 에너지가 생긴다. 긍정의 에너지는 매사에 힘을 불어넣어줌으로써 자신이 하는 일을 잘하게 도와준다.

우리의 인생은 우리의 생각에 의해 만들어진다

그렇다면 올바른 생각, 사회적인 행동, 거짓 없는 말, 즐거운 마음가짐을 갖도록 하기 위해서는 어떻게 해야 할까.

차 심 상 간 득 원 만   천 하 자 무 결 함 지 세 계
此心常看得圓滿 天下自無缺陷之世界

차 심 상 방 득 관 평   천 하 자 무 험 측 지 인 정
此心常放得寬平 天下自無險側之人情

이는《채근담採根譚》에 있는 말로 '내 마음을 살펴서 항상 원만함을 얻을 수 있다면 세상은 저절로 아무런 흠이 없는 세계가될 것이고, 내 마음이 언제나 너그럽고 평화롭다면 세상 사람들에게서 저절로 사나운 마음이 사라질 것이다'라는 의미이다. 자신의 마음을 살펴서 원만하게 하면 흠이 없게 되고, 마음이평온하면 사나운 마음이 없어져 매사를 올바르게 생각하게 되고, 사회적인 행동도 잘하게 되며, 정직하게 말함으로써 믿음과 신뢰를 주게 되고, 늘 즐거운 마음가짐으로 생활함으로써자신은 물론 주변 사람들에게도 좋은 에너지를 줄 수 있다.

옳은 말이다. 마음을 살펴 흠이 되는 말과 행동을 줄이게 되면 그 사람 마음속에는 긍정의 에너지가 넘치게 됨으로써 매사를 바르고 즐겁게 생활하는 데 큰 도움이 된다.

그렇다. 동서고금을 막론하고 성공적인 삶을 살았던 사람은 하나같이 자신의 마음을 잘 살핌으로써 흠을 없게 하고, 평

온함으로써 온 힘을 다해 자신을 긍정적으로 만들었다. 그랬기에 그들은 어떤 상황에서도 스스로를 바르고 즐겁게 함으로써 자신이 하는 일을 성공적으로 이끌어냈으며 길이 빛나는 인생이 될 수 있었던 것이다.

충만한 인생이 되고 싶은가? 그렇다면 마르쿠스 아우렐리우스의 말처럼 온 힘을 다해 올바른 생각, 사회적인 행동, 거짓 없는 말, 즐거운 마음을 갖도록 노력하라.

CHAPTER 2

새로운 삶은
언제나 열려 있다

운명이 당신에게 부여한 환경에 적응하라.
그리고 운명이 당신에게 준
주위 사람들을 진심으로 사랑하라.

Marcus Aurelius

우리는 하루살이 같은 존재다

기억하는 사람이든
기억되는 사람이든
우리는 모두
하루살이에 불과하다.

명상록 12

인간이란 존재는 만물의 영장이라고 하나 우주에서 보면 하나의 티끌과 같은 존재에 불과하다. 그런데 그런 우리가 우주의 질서를 흩트리고, 자연을 훼손시키는 일을 서슴지 않고 해댄다. 이는 마치 철없는 아이가 생각 없이 하는 행동과 다를 바 없다. 한마디로 말해 사악하고 무모한 행동이라고 할 수 있다.

지구는 우리가 이 세상에 사는 동안 잠시 빌려서 쓰는 것임에도, 지구의 주인 노릇을 하고 있다. 함부로 땅을 파헤치고, 강물과 바다를 오염시키고, 대기를 더럽히는 등 마치 내일이 없는 것처럼 행동한다.

지구의 입장에서 본다면 배은망덕도 그런 배은망덕이 없다. 먹을 것을 주고, 입을 것을 주고, 집을 지을 수 있는 땅을 제공해주고, 맑은 공기를 주고, 물을 주고, 인간이 살아가는 데 필요한 것을 아낌없이 주건만 그 은덕을 모르니 배은망덕이랄 수밖에 없다.

최근 3년 동안 전 세계는 유례를 찾아볼 수 없는 극한 상황에 처했었다. 코로나 19라는 전대미문前代未聞의 전염병으로 수많은 사람들이 감염되어 죽고 그 후유증에 시달리고 있다. 최첨단 과학시대에 눈에 보이지 않는 바이러스로 인해 인류는 위기에 처했던 것이다.

또한 상상을 초월한 이상기온으로 인한 기후변화로 홍수와 가뭄, 지진과 해일, 무더위와 추위로 인해 전 세계는 몸살을 앓고 있다. 이 모두는 지금껏 겪어보지 않은 일이라, 놀라움 그 자체이며 두려움에 휩싸여 있다.

그러나 일부 지도자라고 하는 자들은 어리석게도 자국의 이익을 위해 전쟁을 일으켜 인명을 해치고, 재산을 파괴하는 일을 멈추지 않는다. 지구가 위태로운 상황에서 서로 힘을 모아도 부족할 판에 정신 나간 짓을 멈추지 않는 이 패악함은 대체 무엇이란 말인가. 이 모두는 인간의 탐욕이 빚은 결과이다. 탐욕이란 요물의 미혹에 빠지는 위험성에 대해 일찍이 노자老子는 이렇게 말했다.

"과도한 욕망보다 큰 참사는 없다. 불만족보다 큰 죄는 없다. 탐욕보다 큰 재앙은 없다."

노자老子의 말에서 보듯 탐욕은 재앙을 부르는 과도한 욕망일 뿐이다. 그런데도 인간은 이 단순한 진리를 모른다. 그것은 인간이란 우주의 하루살이에 불과한 존재이기 때문이다.
마르쿠스 아우렐리우스 또한 인간을 하루살이로 비유했다.

"우리는 모두 하루살이에 불과하다."

마르쿠스 아우렐리우스의 말처럼 우주에서 볼 때 인간은 하루살이와 같은 존재이다. 그런 존재인 우리가 지구를 함부로 여기고, 우주질서를 파괴하고, 자연을 황폐화시킨다는 것은 스스로 멸망을 자초하는 일이거늘, 지구의 강력한 경고에도 사람들은 아랑곳하지 않는다.
지구를 정상대로 회복시킨다는 것은 불가능할지도 모른다. 하지만 지금이라도 전 세계인들이 힘을 모아 대처해 나간다면 다가올 참혹한 미래의 운명을 극복할 수 있다고 생각한다.
그렇다. 지구는 인류의 안식처이며, 영원한 삶의 터전이다.

하루살이 같은 존재인 우리는 이 점을 결코 잊어서는 안 될 것
이다.

현명한 사람은 내 인생의 교과서이다

현명한 사람들의
행동을 이끄는 것이 무엇이며,
그들이 피하는 것과
추구하는 것은 무엇인지 살펴보라.

명상록 13

고대 그리스의 이타이카 왕국의 왕 오디세이는 트로이 전쟁에 출정하면서 사랑하는 아들을 가장 믿을 만한 친구에게 부탁했다. 그 친구는 오디세이가 전쟁에서 돌아오기까지 무려 10년 동안 친구이자 상담자로서 때로는 아버지가 되어 정성을 다해 왕자를 돌보며 훌륭하게 키워냈다.

전쟁이 끝나고 왕궁으로 돌아온 오디세이는 훌륭하게 자란 왕자의 모습을 보고 크게 감탄했다. 오디세이는 왕자를 훌륭하게 키워준 친구에게 사례하며 칭찬을 아끼지 않았다. 왕을 대신하여 왕자를 잘 양육한 친구의 이름이 바로 멘토^{Mentor}이다. 이후 멘토는 '지혜와 신뢰로 한 사람의 인생을 이끌어주는 스승'이라는 뜻으로 쓰이고 있다.

이 이야기에서 보듯 한 사람의 훌륭한 멘토는 자신의 지혜와 경험을 제공함으로써 다른 이가 성공적인 삶을 사는 데 결정적인 역할을 한다. 그렇다면 누구나 자신의 길잡이가 되어줄 멘토는 반드시 필요하리라 생각할 것이다.

멘토를 달리 롤 모델이라고도 할 수 있다. 멘토는 스승이면서 그 자체가 롤 모델로서 손색이 없기 때문이다. 이를 우리 식으로 표현하면 '인생 교과서'라고 할 수 있다.

성공한 사람들 가운데는 그들의 빛나는 삶이 있기까지 기댈 언덕이 되어주고 롤 모델이 된 인생의 멘토가 있었다. 말 못하고 보지 못하고 들을 수 없었던 헬렌 켈러의 가정교사였던 앤 설리번. 그녀는 세계적으로 널리 알려진 유능한 멘토였다. 그녀가 훌륭한 멘토로서 전 세계에 깊이 각인된 것은 헬렌 켈러가 지닌 최악의 조건에도 굴하지 않고, 초인 같은 인내심과 세심한 배려와 사랑으로 헬렌 켈러를 완전히 다른 사람으로 바꾸어 놓았다는 사실이다. 설리번의 눈물겨운 희생적 가르침이 있었기에 헬렌 켈러는 빛나는 인생을 살 수 있었다.

이처럼 한 사람의 훌륭한 멘토가 다른 사람에게 미치는 영향이 얼마나 큰가 하는 것은 두말할 나위가 없음을 많은 역사적 실례를 통해 알 수 있다.

소크라테스가 플라톤의 멘토였음은 잘 알려진 사실이다. 플라톤은 자신의 스승인 소크라테스처럼 되고 싶은 꿈을 가슴에 품고 있었다. 하지만 꿈을 가슴 가득 품고 있다고 해서 꿈이 이루어지는 것은 아니다. 그 꿈을 이루기 위해서는 실천이 따라야 한다. 플라톤은 이를 너무도 잘 알고 있었기에 스승의 가르침을 한시도 소홀히 하지 않고 공부에 전념했다. 그렇게 노력을 한 결과 그는 스승에 버금가는 유능한 철학자가 될 수 있었고, 그 역시 아리스토텔레스를 비롯한 수많은 제자와 사람들에게 멘토가 되었다.

이에 대해 좀 더 살펴보자면 공자孔子는 맹자孟子의 멘토였고, 뉴턴은 아인슈타인의 멘토였고, 루소는 톨스토이의 멘토였고, 존 F. 케네디는 빌 클린턴의 멘토였고, 베토벤은 슈베르트의 멘토였다. 멘토의 중요성을 잘 알았던 마르쿠스 아우렐리우스는 현명한 사람을 주의 깊게 살펴봐야 함에 대해 이렇게 말했다.

"현명한 사람들의 행동을 이끄는 것이 무엇이며, 그들이 피하는 것과 추구하는 것은 무엇인지 살펴보라."

마르쿠스 아우렐리우스의 말은 현명한 사람들에게는 보통

사람들과는 다른 것이 있다는 것을 잘 알게 한다. 즉, 그들 명하게 행동할 수 있도록 하는 것이 무엇인지, 그들이 싫어 하는 것이 무엇인지, 그들이 추구하는 목적은 무엇인지 잘 살펴서 자신의 본보기로 삼으라는 말이다.

마르쿠스 아우렐리우스에게도 인생의 교과서가 있었다. 그는 노예 출신의 스토아 학파 철학자인 에픽테토스Epictetus이다. 그는 청년 시절 에픽테토스의《담론談論》을 즐겨 탐독하며 깊이 심취했다. 그리고 훗날 스토아 철학자가 되었다.

황제가 된 마르쿠스 아우렐리우스가 민생을 잘 살피는 성군이 되는 데 있어 큰 힘이 된 것은 바로 에픽테토스의 가르침에 힘입은 바가 크다. 그에게 있어 에픽테토스는 빛과 소금 같은 인생 교과서였다.

멘토는 어느 시대나 있었고 그 어떤 인생에게는 꼭 필요한 빛과 소금 같은 존재이다. 자신의 인생에 있어 훌륭한 멘토가 있는 사람도 있고 그렇지 않은 사람도 있을 것이다. 멘토가 없는 이들은 자신의 인생에 절대적 가치를 제공해줄 멘토를 정해 그들이 했듯 실천해보라. 훌륭한 멘토는 자신의 인생을 변화시키는 삶의 나침반이며, 최고의 스승이자 인생 교과서인 것이다.

악은 자신의 판단에서 온다

악은 다른 사람의 마음에서
오는 것도 아니고 육체적인 변화나
외적인 전환에서 오는 것도 아니다.
그것은 악이라고 생각하는 자기 자신의 판단에서 온다.
그러므로 그러한 판단을 거부하라.
그러면 만사가 순조로울 것이다.

명상록 14

일찍이 맹자孟子는 인간은 태어날 때부터 선하다는 성선설性善說을 주장했다. 반면에 순자荀子는 인간은 본래 악하다는 성악설性惡說을 주장했다. 하지만 맹자와 순자의 주장은 반은 맞고 반은 틀리다고 할 수 있다.

왜 그럴까. 인간에게는 '선'과 '악' 두 가지 마음이 존재하기 때문이다. 선한 행동을 하는 사람은 그 마음이 선한 마음에 가까이 있는 까닭이며, 악한 행동을 하는 사람은 그 마음이 악한 마음에 더 가까운 까닭이다. 즉 마음의 눈금을 선한 쪽으로 두

느냐, 악한 쪽으로 두느냐에 따라 선하기도 하고 악하기
것이다. 물론 그 사람이 본래부터 타고난 성격에 기인하
가 크다. 하지만 자라면서 환경에 따른 영향은 절대적이라고
할 수 있다. 왜냐하면 선한 사람들과 함께 생활하다 보면 자연
히 선한 마음을 갖게 되고, 악한 사람들과 함께 생활하다 보면
악한 마음을 갖게 되는 까닭이다.

　선한 사람들과 함께하든 악한 사람들과 함께하든 그것은 자
신의 판단에 의해 결정된다. 그런 까닭에 마르쿠스 아우렐리우
스는 "악은 자신의 판단에서 온다"고 말했다. 이에 대한 그의
말을 보자.

　"악은 다른 사람의 마음에서 오는 것도 아니고 육체적인 변화
나 외적인 전환에서 오는 것도 아니다. 그것은 악이라고 생각하
는 자기 자신의 판단에서 온다. 그러므로 그러한 판단을 거부하
라. 그러면 만사가 순조로울 것이다."

　마르쿠스 아우렐리우스의 말처럼 악은 다른 사람의 마음이
나 외적인 변화에서 오는 것이 아니고, 자기 자신의 판단에서
온다는 것을 알 수 있다. 그러니까 악이란 자기 자신의 의지에
따라 행하는 그릇된 행동인 것이다.

　그렇다. 선과 악은 얼마든지 자신의 의지에 따라 조절할 수

있다. 자신이 선을 좇아 선하게 행동하면 선하게 되고, 악을 좇아 악하게 행동하면 악하게 되기 때문이다.

"하루라도 선을 생각하지 않으면 모든 악이 스스로 일어난다."

이는 장자莊子가 한 말로, 늘 선한 생각을 하며 살아야 함을 뜻한다. 선한 생각을 하다 보면 악이 들어올 틈이 없기 때문이다.

"할 수 있는 모든 선을 행하라. 할 수 있는 모든 수단을 다해서, 할 수 있는 모든 방법을 다해서, 할 수 있는 모든 것을 다 찾아서, 할 수 있는 모든 때를 놓치지 말고, 할 수 있는 모든 사람에게, 할 수 있는 순간까지."

감리교 창시자인 존 웨슬리John Wesley가 한 말로, 인간은 선한 존재가 되어야 하고, 그것은 곧 인간의 목적이자 의무라는 것을 말한다.

그렇다. 선이야말로 악을 멀리하게 하는 최선의 수단인 것이다. 그런 까닭에 악을 생각하지 말고, 늘 선을 생각하며 선하게 행동해야겠다.

인간의 본성에 맞는 일은 그것으로 만족하라

가끔 자신의 뜻대로
성공하지 못한다고 해도 괴로워하거나
낙담하거나 포기하지 마라.
실패할 때마다 다시 시작하라.
당신의 행동이 인간의 본성에
맞는 일이었다면 그것으로 만족하라.

명상록 15

"일하는 것이 인생이다. 일하는 사람의 마음에서는 신의 능력과도 같은 힘이 솟구친다. 신성한 생활력이 솟는 것이다. 이 힘은 전능하신 하나님께서 우리에게 내리신 능력이다. 사람이 하기 힘든 노동일수록 그 가치는 고귀하고 신성한 것이다."

영국의 사상가이자 역사가인 토머스 칼라일Thomas Carlyle이 한 말로 일과 인생 관계의 본질에 대해 잘 알게 한다. 즉, 일을 하는 사람에게는 신성한 생활력이 솟구치고, 그것은 하나님께서 인간에게 부여하신 능력이라는 것이다. 일의 가치성은 신성성 만큼 중요하다는 것을 알 수 있다.

인간은 일을 함으로써 존재하고, 일은 인간에게 있어 신성함을 갖게 할 만큼 중요성을 지닌다. 자신의 일을 열심히 한다는 것은 스스로의 인생을 신성하게 하는 의식과도 같으므로, 자신의 일에 열정을 다해야 한다. 그렇게 될 때 자신이 바라는 일을 이루어낼 수 있기 때문이다. 그런 까닭에 자신이 바라는 일을 자신의 뜻대로 이루었을 때의 기쁨은 말로 다할 수 없다. 그것은 자신이 바라는 것을 완벽하게 해냈기 때문이다.

그러나 바라는 일을 자신의 뜻대로 이루지 못했을 때의 실망감 또한 말로 다할 수 없다. 그것은 완벽한 실패를 했다고 믿기 때문이다.

그런데 마르쿠스 아우렐리우스는 "자신의 뜻대로 이루지 못하고 실패를 했다 하더라도, 괴로워하거나 낙담하거나 포기하지 말라"고 말한다. 또 이어 말하기를 "실패할 때마다 다시 시작하라"고 말한다. 그는 또 말하기를 "당신의 행동이 인간의 본성에 맞는 일이었다면 그것으로 만족하라"고 말한다.

왜 그럴까. 그 일이 자신의 본성에 맞는 일이라면 실패해도 그 자체만으로도 충분하다는 것이다. 즉 자기가 하고 싶은 일은 그 자체만으로도 의미가 있고 가치가 있음을 말한다.

사실 많은 사람들은 자신이 바라는 일을 자기 본성에 맞춰 하지 못한다. 전혀 다른 분야에서 일을 하는 경우가 많다. 성을 벗어난 일이기에 늘 아쉬움에 젖어 산다. 그러다 람들 중엔 지금의 일을 포기하고 자신의 본성에 맞는 일을 다시 시작하곤 한다.

토머스 칼라일이 "일하는 것이 인생이다. 일하는 사람의 마음에서는 신의 능력과도 같은 힘이 솟구친다. 신성한 생활력이 솟는 것이다"라고 한 말은 마르쿠스 아우렐리우스의 입장에서 말한다면 자신의 본성에 잘 맞는 일을 의미한다. 그러니까 자기 본성에 잘 맞는 일은 하나님께서 우리에게 내리신 능력인 만큼 신성하다는 것이다. 그런 까닭에 자신의 본성에 맞는 일은 그것이 어떤 일이라 할지라도 즐겁게 해야 하는 것이다.

자신의 본성에 맞는 일을 함으로써 세계 미술사에 영원한 이름을 남긴 레오나르도 다빈치Leonardo Da Vinci는 일에 대해 다음과 같이 말했다.

"일을 즐겁게 하는 자에게는 세상이 천국이지만, 일을 의무로 생각하는 자에게는 지옥과 같다."

레오나르도 다빈치가 르네상스 시대의 최고의 화가이자 과학 및 다양한 분야에 걸쳐 뛰어난 업적을 남길 수 있었던 것은 타고난 그의 천재성에도 있지만, 자신의 말처럼 본성에 맞는 일을 즐기며 했다는 데 있다.

그렇다. 자신이 바라는 일을 자기 본성대로 할 수 있다는 것은 참으로 행복한 일이다. 그런 까닭에 자신이 가난하고 힘들어도 행복해하는 것이다.

이렇듯 자기 본성에 맞는 일을 한다는 것은 그 어떤 것보다도 스스로를 만족하게 한다. 이렇게 놓고 볼 때 마르쿠스 아우렐리우스의 말은 누구나 공감하기에 부족함이 없다고 하겠다.

지금 하던 일을 잠시 멈추고 생각해보라. 과연 나는 내가 바라는 일을 내 본성에 맞게 하고 있는지를. 혹시 그로 인해 자신이 불행하다고 생각한다면 자기 본성에 맞는 일을 다시 시작해보라. 설령 그 일로 인해 힘들고 어려움이 따르더라도 후회하며 사는 것보다는 백번 나을 것이다.

왜 그럴까? 후회하며 산다는 것은 곧 그 자체가 실패를 의미하기 때문이다.

허세 부림을 삼가라

허세는 무서운 사기꾼이다.
그리고 당신이 하는 일이
가장 가치 있는 것이라고 믿을 때야말로
가장 속기 쉬운 때이다.

명상록 16

허세虛勢란 '빌 허虛', '기세 세勢'가 합쳐진 한자로 '기세가 텅 비었다'는 것을 의미한다. 즉, 실속 없이 겉으로 드러나 보이는 기세를 말한다. 그러니까 겉은 번지르르하지만 알맹이가 없거나 빈약한 쭉정이 같은 상태를 이르는 말이다. 그런 까닭에 허세를 부리는 자는 실제에 있어서는 약점이 많다. 그 약점을 감추기 위해 하나의 꾀로써 허세를 부리는 것이다. 하지만 이런 허세는 실력 있는 자 앞에서는 무용지물에 불과하다. 그것은 자신의 부족함과 약점을 스스로 인정하는 거와 같기 때문이다.

그래서일까, 허세부리기를 좋아하는 자는 무엇 하나 제대로 해내지 못한다. 그냥 흉내 내는 것에 불과할 뿐이다. 그러다 보니 상대나 주변 사람들이 그를 하찮게 보고 신뢰하지 않는다. 사람들로부터 믿음을 잃고 신뢰를 받지 못하는 것은 치명적인 일이다. 삶을 살아가는 데 심한 제약을 받기 때문이다.

왜 그럴까. 인간관계에 문제가 따르는 까닭이다. 삶을 살아가는 데 있어 인간관계는 필수이다. 직장생활이든, 배우는 일이든, 사업을 하든 삶의 모든 것은 인간관계를 통해 이루어지기 때문이다. 그런 까닭에 인간관계를 잘해야 자신이 하는 일을 잘 해나가게 됨으로써 삶을 역동적으로 살아가게 된다.

성공적으로 살았거나 살고 있는 사람들은 믿음과 성실로 자신을 성공적인 인생이 되게 했다. 믿음과 성실은 사람들에게 신뢰를 주는 최고의 수단이다. 그러니 어떻게 잘되지 않을 수 있을까.

그러나 인생을 실패한 사람들의 최대의 약점은 믿음과 성실성이 없거나 부족하다는 것이다. 게다가 사람에 따라서는 불필요한 허세까지 부리니 어떻게 잘될 수 있겠는가.

허세 부림을 경계하여 이르는 말로, 허장성세虛張聲勢와 호가호위狐假虎威라는 사자성어가 있다. 허장성세라는 말은 '실속은 없으면서 큰 소리로 떠벌리는 것'을 뜻한다. 호가호위라는 말은

'여우가 호랑이의 위세를 빌려 다른 짐승을 놀라게 ㅎ
뜻이다. 이를 풀이하면 '남의 권세를 등에 업고 위세 ㅕ ㅕ ㅡ ㅡ
유하여 일러 하는 말이다. 이 중 호가호위는《전국책戰國策》,《초
책楚策》에 나오는 말로 이 말이 생긴 유래는 다음과 같다.

전국시대 초기, 초楚나라 선왕宣王 때 있었던 일이다. 어느 날
선왕은 위나라 사신으로 왔다가 그의 신하가 된 강을江乙에게
물었다.

"위나라를 비롯한 북방 제국이 우리 재상 소해휼을 두려워하
고 있다는데 그것이 사실인가?"

강을이 말했다.

"아니옵니다. 북방 제국이 어찌 일개 재상에 불과한 소해휼
따위를 두려워하겠습니까? 전하, 혹 호가호위라는 말을 알고
계시옵니까?"

"아니, 모르네."

"하시오면 들어 보시옵소서. 어느 날 호랑이한테 잡아먹히게
된 여우가 이렇게 말했나이다. '네가 나를 잡아먹으면 너는 나
를 모든 짐승의 우두머리로 정하신 천제天帝의 명을 어기는 것
이 되어 천벌을 받게 된다. 만약 내 말을 못 믿겠으면 당장 내
뒤를 따라와 보라. 나를 보고 달아나지 않는 짐승은 단 한 마리
도 없을 것이다.' 그래서 호랑이는 여우를 따라갔는데 보니 과

지금은 아우렐리우스를 읽어야 할 때

연 여우의 말대로 만나는 짐승마다 혼비백산하여 달아나는 것이었습니다. 사실 짐승이 달아나게 한 것은 여우 뒤에 있는 호랑이였는데도 호랑이는 그걸 전혀 깨닫지 못했다고 하옵니다. 이 경우도 마찬가지입니다. 지금 북방 제국이 두려워하고 있는 것은 소해휼이 아니라 그 배후에 있는 초나라의 군세를 두려워하는 것입니다."

이 이야기에서 보듯 여우는 호랑이의 위세를 빌려 마치 자신이 강한 동물인 척 허세를 부리는 것을 알 수 있다. 힘 있는 자에게 빌붙어 자신의 뜻을 이루려는 것은 바로 호가호위의 정형^{定型}이라고 할 수 있다.

앞의 두 사자성어에서 보듯 허세란 얼마나 어리석은 가식이며 헛된 망상인지를 잘 알 수 있다. 마르구스 아우렐리우스 역시 허세의 무의미함을 이렇게 표현했다.

"허세는 무서운 사기꾼이다. 그리고 당신이 하는 일이 가장 가치 있는 것이라고 믿을 때야말로 가장 속기 쉬운 때이다."

마르구스 아우렐리우스의 말에서 보듯 그는 허세가 얼마나 무익한 것인지를 신랄하게 보여준다. 그는 허세의 패악^{悖惡}에 대해 무서운 사기꾼이라고 말했다. 그만큼 허세는 인생을 살

아가는 데 있어 아무런 도움이 되지 않고 걸림돌만 될

  그렇다. 지금 이 순간 자신을 한번 돌아보라. 만일 자신~₁...
허세가 있다면 반드시 마음으로부터 뽑아버려야 한다. 허세는
인생을 방해하는 걸림돌임을 명심 또 명심해야겠다.

평정심을 되찾는 지혜

주위 환경 때문에
마음이 어지러워지면 그 즉시 당신의
자제심을 되찾고 당황하지 마라.
끊임없이 평소의 조화로 되돌아가려고 노력하면
그 환경을 한결 쉽게 극복할 수 있을 것이다.

명상록 17

삶을 살다 보면 의도치 않거나 전혀 뜻하지 않는 일로 인해 갈등에 휩싸일 때가 있다. 아무 이유 없이 사람들에게 오해를 사거나, 억울한 이야기를 들었을 때나, 억울하게 누명을 썼을 때나, 자신과 상관없는 일에 휘말리게 될 땐 마음이 주체하지 못할 만큼 흥분하게 된다. 이럴 때 감정이 나는 대로 행동을 하게 된다면, 걷잡을 수 없는 상황에 놓이게 된다. 자칫 자신의 인생을 망치게 할 수도 있기 때문이다.

이처럼 억울한 일을 겪게 되면 끓어오른 흥분과 분노를 차분

히 가라앉히도록 해야 한다. 이때 필요한 것이 감정
으로써 평정심을 잃지 않는 것이다. 그런 까닭에 깊
서도 평정심을 잃고 안 잃고는 큰 차이를 보인다. 다음은 감정
을 절제하지 못하고 평정심을 잃어 발생한 이야기다.

　미국에서 있었던 일이다. 27세의 여성이 살인을 저질러 재판
을 받게 되었다. 여성이 살인을 저지른 이유는 지극히 단순한 일
이었다. 이 여성은 이웃과 시비가 붙은 것이다. 싸움의 원인은
달랑 5센트 때문이었다. 5센트를 놓고 서로 자신의 것이라고
우기다 그만 감정이 폭발한 것이다. 27세의 여성은 화를 참지
못하고, 어이없게도 총으로 상대를 쏘고 만 것이다. 상대는 그
만 죽고 말았다.
　이 재판을 맡은 홀트 이반 판사는 그녀에게 중형을 선고했지
만, 한편으로는 무척이나 마음이 아팠다. 지극히 단순한 일로
분을 참지 못해 일어난 일이었기 때문이다.

　이 이야기는 분노함으로써 평정심을 잃게 되면, 걷잡을 수 없
는 일로 인해 인생을 망치게 된다는 것을 잘 알게 한다. 5센트
로 인해 한창 인생의 나래를 멋지게 펼쳐나가야 할 27세의 여
성은 평정심을 잃은 채 영어의 몸이 되고 만 것이다.

고대 그리스 철학자 소크라테스Socrates의 부인 크산티페는 세계 3대 악처 중 한 사람으로 유명하다.

어느 날 소크라테스가 친한 친구와 이야기를 나누고 있었다. 그런데 그때 무슨 일로 화가 났는지 소크라테스의 아내는 큰 소리로 떠들어대기 시작했다. 그러다 갑자기 물통을 들고 와서는 남편의 머리에 쏟아부었다. 물을 뒤집어쓴 소크라테스는 화를 내기는커녕 웃으며 말했다.

"여보게 친구, 놀라지 말게나. 천둥이 친 후에는 반드시 소나기가 내리는 법일세."

소크라테스의 천연덕스러운 말에 친구는 큰 소리로 웃으며 박수를 쳐댔다. 이 경우 대개의 남자라면 친구 앞에서 망신을 당했다고 크게 화를 냈을 것이다. 그럼에도 대철학자 소크라테스는 자신의 체면 따위는 내려놓고 조크를 했으니, 그의 평정심과 자제력이 얼마나 뛰어난지를 잘 알 수 있다.

이 두 가지 일화에서 보듯 평정심을 잃었을 때와 잃지 않았을 때에는 엄청난 차이가 있다는 것을 알 수 있다. 그런 까닭에 화가 날 땐 평정심을 잃지 않도록 자제하는 것이 중요하다. 그것은 자칫 잘못될 수 있는 상황을 슬기롭게 넘길 수 있는 최선의 방법이기 때문이다.

마르쿠스 아우렐리우스는 평정심을 잃지 않아야 함에 대해 이렇게 말했다.

"주위 환경 때문에 마음이 어지러워지면 그 즉시 당신의 자제심을 되찾고 당황하지 마라. 끊임없이 평소의 조화로 되돌아가려고 노력하면 그 환경을 한결 쉽게 극복할 수 있을 것이다."

그렇다. 주변 사람으로 인해 또한 억울한 일로 인해 화가 날 땐 자제력을 최대한 발휘해 평정심을 잃지 않도록 해야 한다. 그것이 자신을 잘못될 수 있는 길에서 벗어나게 함으로써, 오히려 사람들에게 좋은 이미지를 심어준다는 것을 잊지 말아야겠다.

자신의 환경에 적응하고
주변 사람들을 사랑하라

운명이 당신에게 부여한 환경에 적응하라.
그리고 운명이 당신에게 준
주위 사람들을 진심으로 사랑하라.

명상록 18

사람은 환경의 동물이다. 자신에게 처한 환경에 많은 영향을 받는 것이 인간이란 존재이기 때문이다. 인간은 다른 동물과 달리 지능이 뛰어나고, 지각능력이 있다. 이러한 조건을 바탕으로 인간은 지구의 주인으로서 이 지구를 지배하고 있다.

그러나 뛰어난 지능과 지각능력을 비생산적으로 이용하는 바람에 오히려 환경의 지배 아래에 놓이는 경우가 종종 있다. 말하자면 자기 꾀에 자기가 넘어가는 경우가 그러하고, 그릇된 일로 스스로를 잘못되게 하는 경우가 그러하다.

근 주 자 적
近朱者赤

근 묵 자 흑
近墨者黑

이는 '붉은 색을 가까이하는 자는 붉게 물들고, 먹을 가까이 하는 자는 검게 물든다'는 의미로, 착한 사람을 가까이하면 착하게 되고, 악한 사람을 가까이하면 악한 사람이 됨을 비유적으로 일러 하는 말이다. 다시 말해 사람에게 있어 환경이 얼마나 중요한지를 잘 알게 한다.

맹자孟子가 어린 시절이었다. 아버지 없는 어린 아들을 훌륭하게 키우기 위해 그의 어머니는 늘 고심하고 생각했다. 그러던 어느 날 이사를 하게 되었는데, 이사한 곳 주변에는 공동묘지가 있었다. 어린 아들은 매일 곡을 하며 놀았다. 그러자 맹자의 어머니는 이게 아니다 싶어 다시 이사를 했는데, 이사한 곳 주변에는 시장이 있었다. 어린 아들은 매일 물건 사라는 말을 하며 놀았다. 맹자 어머니는 이것도 아니다 싶어 이번에는 서당 근처로 이사를 했다. 그러자 어린 아들은 글 읽는 흉내를 내며 놀았다.

그날 이후 어린 맹자는 자연스럽게 책을 가까이하게 되었고, 늘 글을 읽고 쓰고 하며 공부에 몰두했다. 그리고 마침내 뛰어

지금은 아우렐리우스를 읽어야 할 때

난 학자가 되어, 많은 제자들에게 가르침을 주고 존경받는 인물이 되었다. 그래서 생긴 말이 맹모삼천지교孟母三遷之敎이다.

마르쿠스 아우렐리우스 역시 환경이 인간에게 미치는 영향이 얼마나 막대한지를 잘 알았다. 그는 환경의 중요성에 대해 이렇게 말했다.

"운명이 당신에게 부여한 환경에 적응하라."

마르쿠스 아우렐리우스의 말에서 보듯 그는 운명이 당신에게 부여한 환경, 즉 자신에게 주어진 환경은 운명과 같은 것이기에 적응하라는 것이다. 다시 말해 환경에 휩쓸리지 말고, 그 환경을 자신의 의지대로 극복하라는 것이다. 참으로 올바른 지적이 아닐 수 없다.

자신의 인생을 성공적으로 살았던 사람들에겐 하나같이 그들에게 환경적으로 배경이 되어준 대상(사람이든, 사물이든, 사건이든)이 있었다. 그 환경이 긍정적인 상황이든 부정적인 상황이든 배경이 된 대상이 있었기에 그것을 근본으로 삼아 노력한 끝에 성공이란 인생을 쓸 수 있었던 것이다.

그렇다. 인간에게 환경이란 아주 중요한 삶의 요소이다. 매사를 생산적이고 창의적으로 본을 삼고 노력하라. 그 대가는 충분히 희망적일 것임은 두말할 나위가 없을 것이다.

다른 사람의 말을 경청하도록 노력하라

다른 사람의 말을
귀담아 듣는 습관을 길러라.
그리고 말하는
사람의 진심을
이해하도록 힘쓰라.

명상록 19

경청은 '남의 말을 귀 기울여 주의 깊게 듣는 행위'를 말한다. 남의 말에 귀 기울여 듣는 것은 상대방에 대한 예의로 '경청傾聽'에서 '경傾'은 '기울일 경'으로, '귀 기울이다'라는 뜻이다. 그러니까, 남이 하는 말을 잘 듣기 위해 상대방의 말에 주의를 집중한다는 의미를 담고 있는 말이다.

경청하는 자세는 말하는 사람을 흐뭇하게 만드는 아름다운 행위이다. 그래서 남의 말을 잘 듣는 사람은 어디를 가든, 누구와 대화를 하든 좋은 이미지를 심어주고 썩 훌륭한 인품을 지닌 사람이라는 평가를 받는다.

그러나 자기 말만 하는 사람이나 하려고 하는 사람은 눈총을 받고 눈살을 찌푸리게 만든다. 이런 사람은 상대방에 대한 예의가 없을 뿐만 아니라 대화의 자세가 되어 있지 않다고 생각하기 때문이다.

경청의 중요성에 대해 미국의 의학자이자 시인인 올리버 웬델 홈스Oliver Wendell Holmes는 이렇게 말했다.

"진심으로 공감하고 이해하는 태도로 상대의 말을 듣는 것이야말로 다른 사람들과 두루 사이좋게 지내고 평생 지속될 우정을 쌓아가는 데 가장 효과적인 방법이다. 요즘에는 이 기술을 연습하는 사람들이 점점 줄어드는 것 같다. 이 기술은 바로 '경청' 하는 것이다."

올리버 웬델 홈스 말에서 보듯 상대방의 말을 잘 들어주는 것이야말로 가장 뛰어난 대화라는 걸 알 수 있다.

"경청은 가장 훌륭한 대화이다."

이는 탁월한 자기계발 동기부여가인 데일 카네기Dale Carnegie 가 한 말로 그 또한 남의 말을 잘 들어주는 사람으로 정평이 나 있다. 그가 자신의 분야에서 크게 성공할 수 있었던 성공 요소 중 하나는 남의 말을 잘 들어주었다는 데 있다.

여기서 한 가지 짚고 갈 것은 '경청은 곧 상대방의 말을 잘 이해한다'는 의미도 함께 내포되어 있다는 사실이다. 그런 까닭에 경청을 잘한다는 것은 상대방의 말을 잘 이해한다는 것을 상대방에게 인식시키는 것과 같다고 할 수 있다.

마르쿠스 아우렐리우스 또한 경청의 중요성을 잘 알았다. 그는 황제였지만, 아랫사람들의 말을 주의 깊게 들어주어 좋은 인상을 심어주었다. 그는 경청의 중요성에 대해 이렇게 말했다.

"다른 사람의 말을 귀담아 듣는 습관을 길러라. 그리고 말하는 사람의 진심을 이해하도록 힘쓰라."

경청은 가장 훌륭한 대화라는 데일 카네기의 말이나 다른 사람의 말을 귀담아 듣는 습관을 길러야 한다는 마르쿠스 아우렐리우스의 말은 매우 설득력을 지닌다.

에이브러햄 링컨, 알버트 아인슈타인, 헨리 키신저, 윈스턴 처칠, 조지 워싱턴, 넬슨 만델라, 앤드류 카네기, 로널드 레이건, 헨리 포드를 비롯한 성공한 역사적인 인물들에겐 한 가지 공통점이 있는데 하나같이 '경청의 고수'라는 것이다.

그렇다. 이들은 말을 잘하는 것 못잖게 경청의 고수였다.

자신이 사람들과 좋은 관계를 갖고 싶다면 그래서 자신이 추구하는 삶을 살고 싶다면 사람들의 말을 잘 들어주어라. 그것만으로도 충분히 사람들에게 좋은 인상을 심어줌으로써 생산적인 삶을 살아가는 데 큰 도움이 될 것이다.

새로운 삶은 언제나 열려 있다

새로운 삶은 언제나 열려 있다.
사물을 처음의 관점에서 보도록 하라.
당신의 삶을
새롭게 하는 힘이 거기에 있다.

명상록 20

사람은 지금과 다른 새로운 삶을 살아가는 능력을 지닌 존재이다. 사람에게는 새로운 생각과 새로운 세계를 설계할 줄 아는 생산적이고 창의적인 마인드가 잠재되어 있기 때문이다. 그런 까닭에 지금은 보잘것없는 삶을 살다가도 전혀 다른 모습으로 성공적인 삶을 살아가는 이들을 흔히 볼 수 있다.

그들이 그렇게 할 수 있었던 것은 새로운 시각을 갖기 위해 공부하고, 엄청난 노력을 쏟아부었다는 데 있다.

형가리계 유대인 미국 이민자로 현대 신문의 틀을 정립시키며 퓰리처상을 만들어 신문 발전에 지대한 업적을 이룬 조지프 퓰리처Joseph Pulitzer는 아메리칸 드림을 꿈꾸며 17살 때 미국으로 갔다.

당시는 남북전쟁이 한창 때였는데 그는 살기 위해 북군의 용병으로 전쟁에 참가했다. 전쟁이 끝난 후에는 짐꾼, 웨이터, 노새 몰이꾼 등 무슨 일이든 가리지 않고 닥치는 대로 했다. 그렇게 열심히 일했지만 낯선 나라에서 살아가기란 쉽지 않아 때로는 노숙자로 전전하기도 했다.

그러던 어느 날 그는 사탕수수 농장에 취직시켜주겠다는 사기꾼의 꼬임에 빠져 가지고 있던 얼마간의 돈을 모두 날리고 말았다. 그런데 이 일은 그에게 신문이라는 전혀 생각지도 않았던 길로 나아가는 계기가 되었다. 그는 자신의 억울함을 호소하기 위해 자신이 당한 일을 글로 써서 신문사에 투고했는데, 편집국장이 그의 글 솜씨를 보고 그를 기자로 전격 채용한 것이다. 신문사 이름은 세인트루이스 독일어 신문사인 〈베스틀리헤 포스트〉였다.

퓰리처는 물 만난 물고기처럼 연일 특종을 쏟아냈다. 그는 성과를 인정받아 편집장이 되었다. 뜻하지 않게 신문기자가 된 그는 자신이 그렇게 되리라고는 전혀 생각지도 못했다. 그는 신문의 매력에 푹 빠지고 말았다.

전화위복轉禍爲福이란 말은 마치 그를 두고 생긴 말처럼, 돈을 잃은 것은 '화禍'가 되었지만 그 일은 '복福'이 되어 그의 인생을 완전히 뒤바꿔 놓았던 것이다.

편집장이 된 퓰리처는 자신의 삶의 보폭을 넓혀나가며 더 나은 내일을 위해 차근차근 준비를 해나갔다. 그리고 기자 생활 10년 만에 마침내 〈세인트루이스 디스패치〉를 인수하고 곧이어 〈세인트루이스 포스트〉를 인수하여 두 신문사를 합병해 〈포스트 디스패치〉를 창간했다. 이 신문은 세인트루이스 최고의 석간신문이 되었다.

퓰리처는 일하는 즐거움에 푹 빠져 점심은 건너뛰고, 저녁은 있는 대로 먹었으며 하루 16시간 이상을 일에 빠져 새벽 4시가 되어서야 잠자리에 들었다. 힘들어도 힘든 줄 몰랐고, 고단해도 고단한 줄 몰랐다. 그런 노력 끝에 4천 부에 불과했던 발행부수는 3년 만에 2만 3천 부로 늘었고, 1879년에는 4개의 지면을 8개로 늘렸다. 그는 승승장구하며 뉴욕에 진출하여 〈뉴욕월드〉를 인수해 이름을 〈월드〉로 바꿔 발행했다. 그리고 1만 부였던 발행부수를 100만 부로 확장시키며 자신의 능력을 유감없이 발휘해 사람들을 놀라게 했다.

신문에 대한 퓰리처의 도전은 멈출 줄 모르고 계속해서 앞으로 나아갔다. 그는 1887년 〈월드〉지의 자매지인 〈이브닝 월드〉를 창간했다. 그는 자신이 마음먹은 것은 반드시 실천으로 옮

지금은 아우렐리우스를 읽어야 할 때

겼고, 어떤 상황에서도 자신의 목표를 꼭 이루어 내는 강한 집념을 보였다. 사람들은 그를 보고 의지의 사나이, 집념의 언론인이라는 말로 그의 열정에 아낌없는 찬사를 보냈다. 그만큼 신문에 대한 그의 노력을 높게 평가한 것이다.

퓰리처는 정치에도 관심을 기울여 1869년에 미주리 의회에 진출했다. 그는 미주리주에서 자유공화당 창당을 도우며 호레이스 그릴리를 대통령 후보로 지지하며 열심히 도왔지만, 당이 붕괴되자 민주당 당원이 되어 평생을 민주당 당원으로 남았다.

퓰리처는 신문 발행에 있어 사실적 보도를 원칙으로 했으며, 취재 대상자가 대통령이든, 정치가든, 기업가든, 종교인이든 가리지 않았다. 그는 또 신문은 국민의 알 권리를 대변하는 정론지로서의 역할을 다해야 한다는, 자신의 신념을 흔들림 없이 보여줌으로써 국민들에게 아낌없는 신뢰를 받았다.

퓰리처가 지향했던 언론인으로서의 철학인 '원칙에 입각한 사실적 보도'는 언론이 반드시 갖춰야 할 정형定型으로써 좋은 본보기가 되었다. 그는 세계 언론역사에 전설로 남은 진정한 언론인이다.

퓰리처가 배운 것 없이 미국 언론계의 거물이 될 수 있었던 것은 새로운 삶에 대한 열망과 그에 대한 꾸준한 노력과 새로운 시각 덕분이었다.

　그렇다. 마르쿠스 아우렐리우스의 말처럼 새로운 삶은 언제나 열려 있다. 새로운 분야에서 새로운 삶을 개척하기 위해서는 새로운 시각으로 매진할 수 있어야 한다. 그것이 원동력으로 작동할 때 새로운 삶은 활짝 열리게 됨으로써 지금과는 다른 삶을 살아가게 되는 것이다.

선이 솟는 샘

자신의 내면을 들여다보라.
마음속에는 선이 솟는 샘이 있다.
그 샘은
파면 팔수록
더욱 솟아오를 것이다.

명상록 21

나무가
수백 년 수천 년을 사는 것은,

사람이건 동물이건
베푸는 일생을 다하는 까닭이다.

언제 한 번이라도
욕심을 부리거나 해를 끼친 적 없이

제 가진 것 모두를
아낌없이 내어주는 까닭이다.

나무는 무위자연無爲自然의 근본,

늘, 제자리를 지키는
헌신적인 본성이
하늘을 닮은 까닭이다.

이는 나의 〈나무〉라는 시이다. 나무는 사랑의 대명사이며 희
생의 대명사라고 할 수 있다. 나무는 봄이 되면 푸른 싹을 틔우
고 아름다운 꽃을 피워 사람들에게 고운 향기를 전해준다. 여
름에는 시원한 그늘을 만들어 누구에게든지 더위를 피하게 하
고, 가을이면 탐스런 과일을 내어준다.

나무는 집을 짓는 재목이 되고, 책을 만드는 종이가 되고, 책
상과 의자가 되고, 가구가 되고, 땔감이 되는 등 하나도 버릴 것
이 없다. 이처럼 나무는 인간과 동물 등 모두를 통틀어 헌신과
사랑의 대표적인 자연이라고 할 수 있다. 또한 나무는 이 지구
상에서 동식물을 포함해 가장 오래 사는 생물이다. 나무가 수
백 년을 살고 수천 년을 사는 건 베푸는 삶을 살기 때문이다. 나
아가 욕심을 부리거나 해를 끼친 적이 없는 까닭이다.

나무를 한마디로 표현한다면 '선善'의 상징이라고 할 수 있다.

사람의 내면에는 선과 악이 존재한다. 그런 까닭에 선을 가까이하면 선한 행동을 하게 되고, 악을 가까이하면 악을 행하게 된다. 선과 악이 인간의 마음에 함께 존재하는 것에 대한 아주 흥미로운 이야기가 있다.

지구가 생겨난 이래 큰 홍수가 있었다. 이 홍수는 보통 홍수가 아니라 전 세계를 삼켜버린 무시무시한 홍수였다. 이 홍수가 나기 전에 있었던 일이다.

많은 동물들이 노아의 방주로 몰려와서 소리쳤다.

"노아님, 우리를 방주에 태워 주세요. 네, 노아님."

"그래. 암수 한 쌍만 타거라."

노아의 말을 들은 동물들은 하나둘씩 방주에 올랐다. 그때 선도 황급히 뛰어왔다.

"노아님, 저도 태워 주세요, 네?"

"그건 안 된다."

"왜요? 왜 안 되지요?"

"나는 무엇이든 짝이 있는 것만 태우고 있단다. 그러나 너는 너 혼자 왔기 때문에 태울 수 없단다. 미안하구나."

노아의 말을 들은 선은 숲으로 달려갔다. 숲으로 온 선은 자신의 짝이 되어 줄 상대를 찾으러 여기저기로 숨가쁘게 뛰어다

넜다.

"누가 나하고 짝이 되어 줄래요?"

선은 큰 소리로 외쳤다. 그때 악이 다가와서 말했다.

"내가 짝이 되면 안 될까요?"

"당신이요? 근데 당신은 누구죠?"

"난, 악이라고 합니다."

"악이요?"

"네."

"알았어요. 우리 함께 짝이 되기로 해요."

선과 악은 손을 꼬옥 잡고 노아의 방주로 달려갔다. 노아는 선과 악을 방주에 태워주었다. 그로부터 선이 있는 곳에는 항상 악이 따라다니게 되었다.

이는 《탈무드》에 나오는 이야기로 선과 악은 인간이 태어나면서부터 갖고 태어난다는 것을 의미한다. 그런 까닭에 앞에서도 말했지만, 선을 가까이하면 선하게 행동하게 되고, 악을 가까이하면 악하게 행동하게 된다. 그런 까닭에 선한 마음을 기르고 악한 감정에 빠지지 않게 자제력을 길러야 한다.

마르쿠스 아우렐리우스는 선에 대해 다음과 같이 말했다.

"자신의 내면을 들여다보라. 마음속에는 선이 솟는 샘이 있다. 그 샘은 파면 팔수록 더욱 솟아오를 것이다."

마르쿠스 아우렐리우스의 말에서 보듯 인간의 마음속에는 선의 샘물이 있다는 것을 알 수 있다. 그런 까닭에 샘을 파면 팔수록 더욱 선이 솟아오를 것이라고 했다.

이는 무엇을 의미하는가. 즉, 선을 행하라는 말이다. 선을 행하면 행할수록 더 많은 선을 행하게 된다는 것이다.

마르쿠스 아우렐리우스의 말은 매우 설득력을 지닌다. 우리 사회에서 선을 베푸는 이들을 보면 하나같이 오래도록 선을 베푼다는 것을 알 수 있다. 그것은 선을 베풀면 자신이 행복하기 때문이다. 그런 까닭에 아낌없이 자신의 것을 나눠주는 일을 기쁨으로 하는 것이다.

그렇다. 마르쿠스 아우렐리우스의 말처럼 자신의 마음속에 있는 선이 솟는 샘에서 더 많은 선이 솟아나게 하기 위해서는 선을 베푸는 일을 즐겁게 해야 한다. 그것이야말로 인간의 본질을 지키는 것이고 자신의 행복을 위한 일이기 때문이다.

CHAPTER 3

우리에게 허락된 시간은
한정되어 있음을 기억하라

절대로 감정에 휩쓸려 벗어나지 마라.
무슨 일이 일어나든 그것은 반드시 우주의 필연성에서
온 것임을 명심해야 한다.

Marcus Aurelius

외적인 것으로부터 자유로워져라

외부에서 닥쳐오는 온갖 복잡한 일이
당신의 마음을 어지럽히는가.
그렇다면 우왕좌왕하지 말고 새롭고 선한 일에
차분히 생각할 시간을 갖도록 해야 한다.
그러나 전혀 다른 길로 끌려가서는 안 된다.
지나치게 여기저기 돌아다니며 자신의 삶을 피곤하게 하고,
모든 행동에 이렇다 할 목적이 없는 것이야말로
어리석은 사람의 모습이기 때문이다.

명상록 22

살아가다 보면 뜻하지 않은 일로 마음이 복잡할 때가 종종 있다. 더구나 의도치 않는 일이라면 고통스럽기까지 하다. 그러다 보니 음주에 빠지기도 하고, 방황하기도 하고 가족 간에, 친구들 간에, 직장 동료들 간에 갈등하기도 한다. 그리고 심할 경우에는 해서는 안 될 일을 벌이기도 한다.

이처럼 뜻하지 않게 외부로부터 겪게 되는 일은 사람을 곤혹

스럽게 하고 고통스럽게 한다. 이럴 때 화를 내고, 갈등하고, 마음의 평정을 잃게 되면 스스로에게 부정적으로 작용하게 된다.

이에 대해 미국 베스트셀러 작가이자 캘리포니아대학교 교육학 교수인 레오 버스카글리아 Leo Buscaglia는 다음과 같이 말했다.

"분노, 상처, 고통을 붙잡지 마라. 그 감정들은 당신의 에너지를 빼앗고 사랑에서 멀어지게 한다."

레오 버스카글리아의 말에서 보듯 분노하고 상처 입은 마음으로 고통스러워하면 자신의 에너지를 소진시킴은 물론 사랑하는 사람들에게 상처를 주게 되고 그로 인해 삶의 패배자로 전락할 수 있게 된다. 그러면 어떻게 해야 분노와 상처, 고통을 이겨낼 수 있을까.

이에 대해 마르쿠스 아우렐리우스는 다음과 같이 말했다.

"외부에서 닥쳐오는 온갖 복잡한 일이 당신의 마음을 어지럽히는가. 그렇다면 우왕좌왕하지 말고 새롭고 선한 일에 차분히 생각할 시간을 갖도록 해야 한다. 그러나 전혀 다른 길로 끌려가서는 안 된다. 지나치게 여기저기 돌아다니며 자신의 삶을 피곤하게 하고, 모든 행동에 이렇다 할 목적이 없는 것이야말로 어리석은 사람의 모습이기 때문이다."

마르쿠스 아우렐리우스의 말처럼 외부에서 닥쳐오는 온갖 복잡한 일이 당신의 마음을 어지럽히면 우왕좌왕하지 말고 새롭고 선한 일에 차분히 생각할 시간을 갖도록 해야 한다. 물론 이렇게 하기란 쉽지 않다. 하지만 마음의 고통에서 벗어나 더 큰 불행을 막고 자유로워지기 위해서는 그렇게 해야 한다.

마르쿠스 아우렐리우스는 황제로서 늘 많은 일에 부딪혀야 했다. 로마 제국이란 막강한 나라를 통치한다는 것은 상상을 초월할 만큼 힘들고 책임감이 따르는 자리이기 때문이다. 그는 힘든 결정을 할 때나 마음이 혼란스러울 땐 늘 책을 읽고 사색하고 기도하며 마음의 평정을 찾도록 노력했다. 그는 책을 읽고 사색하고 기도하는 동안에는 그 모든 것을 잊을 수 있었고, 그렇게 함으로써 자신의 마음을 다스릴 수 있는 힘을 얻곤 했다.

앞에 그가 했던 말은 온전히 자신의 행함을 통한 깨우침의 경험에서 우러나는 말이다. 한마디로 말해 머리에서 나온 말이 아니라, 몸에서 나온 말이기에 더한 설득력을 지닌다고 하겠다. 그렇다면 외적으로부터 오는 마음의 고통과 혼란스러움에서 벗어나 자유로워지기 위해서는 어떻게 해야 할까?

첫째, 자꾸만 생각하면 더욱 고통스러움에 빠지게 된다. 어차피 이미 벌어진 일이니 그냥 받아들여라. 둘째, 하루이틀 여행

우리에게 허락된 시간은 한정되어 있음을 기억하라

을 하며 답답한 마음을 가라앉히고 자신을 곰곰이 돌아보라. 셋째, 자신에 대해 잘 아는 스승이나 인생의 선배에게 조언을 구하라. 넷째, 지금보다 더 나은 나를 위한 기회를 가지라는 삶의 충고를 받아들여 새로운 마음가짐으로 극복해 나가도록 스스로를 위로하고 격려하라.

이처럼 외적으로부터 오는 마음의 고통과 혼란스러움에서 벗어나 자유로워지기 위해서는 인내심을 갖고 앞의 네 가지 방법을 차분히 실천해보라. 그러면 능히 어려움을 이겨내고 새로운 마음을 갖게 됨으로써 더 나은 나로 살아가게 될 것이다.

다른 사람에게 잘못을 저지르지 마라

다른 사람에게 잘못을 저지르는 자는
자기 자신에게 죄를 짓는 것이다.
옳지 않은 행동은
자기 자신을 악하게 만들기 때문에
결국 자신에게 잘못을 범하는 것이다.

명상록 23

다른 사람에게 피해를 주거나 잘못을 저지르는 것은 죄악과 같다. 자신과 무관한 사람에게 무슨 권리로 함부로 할 수 있단 말인가. 그것은 도리에 어긋날 뿐만 아니라 지탄받아야 할 일이다.

사람이 사람인 것은 인간의 도리를 지키고 옳고 그름을 판단하는 분별력을 지녔기 때문이다. 그런데 이를 도외시하여 함부로 말하고 남에게 잘못을 저지르고 방자하게 군다면, 그것은 인간이 아니라 인간의 탈을 쓴 짐승과도 같다 하겠다.

우리에게 허락된 시간은 한정되어 있음을 기억하라

修身齊家 治國平天下
수 신 제 가 치 국 평 천 하

이는 사서四書중 하나인《대학大學》에 나오는 말로 '몸과 마음을 닦아 수양하고 집안을 가지런하게 하며 나라를 다스리고 천하를 평정한다'는 뜻이다.

남에게 잘못을 저지르는 사람에게 치국평천하는 먼 나라 이야기처럼 요원하고, 수신제가도 못하는 사람이다. 그런 까닭에 치국평천하는 못하더라도 반드시 수신修身은 해야 한다. 그렇게 하지 않으면 그릇된 행동으로 인해 큰 과오를 저지름으로써 법에 심판을 받게 된다.

요즘 우리 사회에서 일어나는 일을 보면 매우 심각하다는 생각이 들 때가 많다. 길을 가는 생면부지의 사람에게 느닷없이 폭언과 폭행을 하는 사람들이 있는가 하면, 금연구역에서 버젓이 흡연을 하고도 그것이 왜 잘못인지도 모르는 무책임한 사람들이 있다. 층간소음을 일으키는 것을 예사로 하는 사람들이 있는가 하면, 교통법규를 어기는 것을 아무렇지도 않게 여기는 사람들이 있고, 음주운전을 밥 먹듯이 하는 사람들이 있는가 하면, 다수의 사람들에게 물질적인 피해를 주고도 뻔뻔하게 먹을 것 다 먹고 입고 싶은 것 입고 사고 싶은 것 사면서 사는 사람들이 있으며, SNS을 통해 자신과 무관한 사람들을 비난하고 언어적 테러를 일삼는 사람들 등 비도덕적인 사람들이 사회 곳

곳에 있다.

남에게 잘못을 저지르는 사람은 대개 자신의 유익을 위해서이다. 이는 반드시 타파해야 할 사회악이다. 그런 까닭에 공자孔子는《논어論語》〈이인편里仁篇〉에서 다음과 같이 말했다.

방 어 리 이 행 다 원
放於利而行 多怨

이는 '자신의 이익에 따라 행동하면 원망이 많다'는 뜻이다. 참으로 밝은 혜안이 아닐 수 없다. 남에게 피해를 주고 상처를 주는 잘못된 일을 범하지 말아야겠다. 그것은 스스로를 죄악에 빠트리는 일인 것이다.

"다른 사람에게 잘못을 저지르는 자는 자기 자신에게 죄를 짓는 것이다. 옳지 않은 행동은 자기 자신을 악하게 만들기 때문에 결국 자신에게 잘못을 범하는 것이다."

마르쿠스 아우렐리우스의 말에서 보듯 남에게 잘못을 저지르는 것은 죄를 짓는 일이자 자신에게 잘못을 범하는 일이다. 그러기 때문에 이를 삼가야 한다. 그것이야말로 인간의 도리를 지키는 일이자 자신을 잘못된 일에 빠지지 않게 하는 지혜인 것이다.

감정에 휩쓸리지 않기

절대로 감정에 휩쓸려 벗어나지 마라.
충동이 일어날 때면
먼저 그것이 정의에 맞는 것인지 생각해보라.
무슨 일이 일어나든 그것은 반드시
우주의 필연성에서 온 것임을 명심해야 한다.

명상록 24

"감정은 언제나 이성을 짓밟아 버리는 경향이 있다. 감정에 충실하게 행동하면 모든 것이 광기로 흐르기 쉽다."

이는 17세기 에스파냐(스페인)의 작가이자 성직자인 발타자르 그라시안Baltasar Gracian이 한 말로, 쓸데없는 감정이 삶에 미치는 영향이 얼마나 위험한지를 잘 알게 한다. 감정에 치우치다 보면 이성을 잃기 쉽고, 이성을 잃게 되면 마음의 제동장치가 풀리게 된다. 마음의 제동장치가 풀리게 되면 행동을 통제하기가 곤란해짐으로써 불행한 사태를 낳게 한다.

감정에 휩쓸렸을 때 일어나는 위험성에 대한 이야기다.

일본에서 있었던 끔찍한 이야기다.

재수생인 아들이 하라는 공부는 안 하고 놀러나 다니니 부모의 마음은 여간 불편하게 아니었다.

그러던 어느 날이었다. 아버지가 대금을 결제하려고 카드를 찾으니 카드가 없었다.

"어, 이게 어떻게 된 거지? 분명히 있었는데."

아버지는 당황해하며 말했다. 그러고는 이내 "카드가 있는 줄 알았는데 집에 두고 온 것 같습니다"라고 말하며 가게 주인에게 양해를 구했다. 집으로 돌아온 아버지는 아내에게 카드를 보았느냐고 물었다. 아내는 보지 못했다고 말했다.

"도대체 카드가 어디로 갔단 말인가."

아버지는 곰곰이 생각하고 또 생각했다. 그런데 아들이 아버지 몰래 카드를 훔쳐 무려 100만 원이나 찾아 쓴 것이었다. 아버지는 아들이 왜 그랬는지에 대해 묻고 그에 따라 이성적으로 대처해야 하는데도 불구하고 감정에 치우쳐 호되게 아들을 야단쳤다. 자신이 잘못한 줄은 알지만 아버지의 호된 꾸지람에 아들은 몹시 속이 상해 자기 방에 들어가 술을 마셨다. 그런데 갑자기 아버지가 문을 열고 들어오다 아들이 술 마시는 모습을 보게 되었다.

"너 지금 뭐하는 거야. 반성을 해도 시원찮을 놈이 술이나 퍼마시고. 너 같은 도둑고양이는 집에 둘 수 없어. 꼴도 보기 싫으니 지금 당장 나가!"

아버지는 입에 담지 못할 폭언을 하며 아들을 발로 걷어차고 마음에 깊은 상처를 주었다. 그런데 그때 그 모습을 보게 된 어머니도 아들에게 소리치며 말했다.

"저런 못된 녀석 같으니라고! 넌 형편없는 인간이야! 내가 저런 걸 아들이라고 낳았으니 아이고 내 팔자야."

아들은 어머니의 말을 듣고 자리에서 벌떡 일어나 밖으로 나갔다. 잠시 후 집으로 들어온 아들 손에는 야구방망이가 들려져 있었다. 아버지를 노려보는 아들의 눈은 분노로 이글거렸다.

"너, 지금 야구방망이를 들고 뭐하는 거야?"

아버지가 소리치며 말하자 아들은 다짜고짜 야구방망이로 아버지를 가격했다. 순간 아버지는 쓰러지고 말았다. 소리를 듣고 어머니가 방에서 나오자 아들은 어머니를 향해서도 야구방망이를 휘둘렀다. 순식간에 벌어진 일이었다. 아버지와 어머니는 둘 다 숨을 거두고 말았다. 아들은 경찰에 연행되었고, 인생을 활짝 꽃피우기도 전에 차가운 철창에 갇히는 신세가 되었다. 아들에게는 부모를 죽인 패륜아라는 불명예스러운 명칭이 붙었다. 그 명칭은 그가 죽을 때까지 따라다니며 그를 괴롭힐 것이다.

행복하고 평화로워야 할 가정이 이성적이지 못하고 감정에 치우친 부모의 말 한마디로 인해 완전히 풍비박산이 나고 말았다. 평소에 못마땅한 아들을 야단치는 과정에서 감정에 휩싸여 입에 담기 거북한 말을 하는 바람에 아들은 이성을 잃고 부모를 죽인 이 사건은 감정이 담긴 말과 행동이 얼마나 무서운 불행을 몰고 오는지를 잘 알게 한다. 감정에 빠지지 않아야 함에 대해 마르쿠스 아우렐리우스는 이렇게 말했다.

"절대로 감정에 휩쓸려 벗어나지 마라. 충동이 일어날 때면 먼저 그것이 정의에 맞는 것인지 생각해보라. 무슨 일이 일어나든 그것은 반드시 우주의 필연성에서 온 것임을 명심해야 한다."

옳은 말이다. 아무리 화가 나도 감정적으로 대해서는 안 된다. 그것은 마치 섶을 지고 불 속으로 뛰어드는 부정적인 결과를 낳게 하는 어리석은 일일 뿐이다. 감정이 끓어오르려고 할 땐 최대한 이성적으로 생각하고 행동해야 한다. 이성은 감정을 통제하는 제동장치와도 같음을 명심해야 하겠다.

우리에게 허락된 시간은 한정되어 있음을 기억하라

인간은 서로 돕고 더불어 살아가는 존재다

우리는 두 손 두 발처럼
위아래 눈꺼풀처럼 윗니 아랫니처럼
서로 도우며 살아가야 한다.
서로에게 화를 내거나 미워하거나 괴롭히는 것은
자연의 법칙에서 어긋나는 행동이다.

명상록 25

상부상조相扶相助라는 말이 있다. 이는 서로서로 돕는 것을 의미하는 것으로 사람은 서로 도우며 사는 존재이다. 아무리 재능이 뛰어난 사람도 혼자서는 절대로 살 수 없다. 그런 까닭에 지구에 인류가 존재하던 때부터 사람은 서로 도우며 살 수밖에 없었다.

처음 인류가 지구상에 출현했을 때 사람들은 수렵을 하며 생활했다. 사람이 혼자서 짐승을 사냥한다는 것은 매우 위험하고 힘든 일이다. 특히 덩치가 큰 짐승을 상대할 땐 많은 사람이 힘을 모아야만 할 수 있다. 자칫하다가는 목숨을 잃을 수도 있기 때문이다. 사람들은 함께 힘을 모아 잡은 짐승을 사이좋게 나누어 먹었다.

그리고 인류가 좀 더 진화해서는 농경생활을 했다. 농경생활 역시 사람 혼자서 하기에는 힘이 벅차다. 이를 잘 알았던 사람들은 서로 힘을 모아 땅을 갈고 씨를 뿌리고 곡식이 익으면 함께 수확을 했다. 뿐만 아니라 함께 집을 짓고, 함께 길을 내고, 함께 다리를 놓고, 함께 어려움에 대처했다.

나아가 세계 4대 문명인 황하 문명, 인도 문명, 메소포타미아 문명, 이집트 문명은 물론 남미의 잉카 문명 등을 비롯한 세계 각지의 고대 문명 역시 사람들이 서로 힘을 모아 함께함으로써 이뤄낼 수 있었다. 그리고 삶의 체재가 갖추어지자 국가를 세우고, 법을 만들고 발전을 거듭하여 오늘에 이르렀다. 이는 동양이나 서양 할 것이 없이 사람이 존재하는 곳에서는 당연한 일이었다.

이런 관점에서 볼 때 인간은 서로 돕고 살 수밖에 없는 존재이다. 이는 동물의 세계에서도 마찬가지다. 특히, 사회성이 뛰어난 사자나 개과 동물들은 힘을 모아 커다란 동물을 사냥한다. 말 못하는 짐승도 여럿이 함께 힘을 모으면 쉽게 사냥을 할 수 있다는 것을 아는 까닭이다.

그런데 최첨단 시대를 살고 있는 지금 개인주의는 그 어느 때보다도 심화되었다. 이는 무엇을 의미하는가. 그만큼 인간성이 상실되었다는 것을 의미한다. 지금보다 개인주의가 더 극대화된다면, 우리 사회는 큰 병폐를 불러오게 됨으로써 불행한 사태를 맞게 될 것이다.

그러나 다행히도 아직까지는 불우한 이웃을 돕고, 어려움을 함께 나누려고 하는 따스한 마음을 갖고 사는 사람들이 있어 각박한 세상에서도 삶은 이어지고 이어가고 있는 것이다.

상부상조와 같은 의미로 쓰이는 말 중에 환난상휼患難相恤, 동고동락同苦同樂이라는 말이 있다. 환난상휼은 향약鄕約의 네 가지 덕목 가운데 하나로 '어려운 일이 생겼을 때 서로 도와야 함'을 뜻하는 말이다. 여기서 향약이란 조선 시대에 권선징악과 상부상조를 목적으로 만든 향촌의 자치 규약을 말한다. 또 동고동락이라는 말은 '괴로움도 즐거움도 함께함'을 이르는 말이다.

상부상조와 환난상휼, 동고동락이란 말에서 보듯 우리의 선조들은 서로 협력하고 힘을 모음으로써 어려운 일이 있을 때마다 슬기롭게 극복했다. 그랬기에 오늘날 어려움이 있을 때마다 개인주의가 그 어느 때보다도 팽배한 가운데서도 우리 국민은 힘을 모을 줄 아는 지혜를 발하는 것이라고 생각한다. 상부상조의 사회적 유전자가 아직은 남아 있는 까닭이다.

일찍이 마르쿠스 아우렐리우스 또한 인간은 더불어 살아야 하는 존재라는 것을 잘 알았기에 이렇게 말했다.

"우리는 두 손 두 발처럼 위아래 눈꺼풀처럼 윗니 아랫니처럼 서로 도우며 살아가야 한다. 서로에게 화를 내거나 미워하거나 괴롭히는 것은 자연의 법칙에서 어긋나는 행동이다."

참으로 적절한 비유가 아닐 수 없다.

그렇다. 동서고금을 막론하고 인간인 서로 도우며 살아갈 때 자연의 법칙에 따르게 되는 바, 이는 사람으로서의 도리이며 인간의 본질을 따르는 일인 것이다. 이를 어겼을 때 우리는 그 대가를 톡톡히 치르게 될 것이다. 그런 까닭에 서로 돕고 사는 일에 자신의 마음을 아끼지 말아야겠다.

우리에게 허락된 시간은
한정되어 있음을 기억하라

당신에게 허락된 시간이
한정되어 있음을 기억해야 한다.
시간을 지혜를 기르는 데 사용하지 않으면
시간도 지나가 버리고
당신도 사라져버려 다시는 되돌릴 수 없다.

명상록 26

인간이 신神이 될 수 없는 것은 인간은 유한한 존재이기 때문이다. 아무리 의학이 발전하고 의술이 발전한다고 해도 채 백년도 살지 못하는 존재일 뿐 영원할 수 없다. 이것이 신과 인간의 가장 큰 차이점이다.

그런데도 인간들 중엔 이런 사실을 망각하고 사는 이들이 많다. 마치 영원히 살 것처럼 아무렇게나 행동한다. 이런 행동은 자신을 마이너스적인 삶에 얽어매는 비생산적인 행위인 것이다.

삶을 생산적으로 살아가는 사람들은 자신을 아무렇게나 하는 것을 절대 용납하지 않는다. 그것은 자신을 함부로 여기는 몰지각한 일이라고 여기는 까닭이다.

자신의 어려운 환경을 지혜롭게 극복하고 생산적이고 창의적인 삶을 삶으로써 인류사에 영원한 족적을 남긴 이야기다.

미국의 만화 제작자이자 만화가로 미키마우스, 도널드 덕이란 주요 캐릭터로 유명한 월트 E. 디즈니Walter Elias Disney. 그는 목수이자 농부의 넷째 아들로 태어났다. 아버지의 사업 실패로 디즈니는 공부도 제대로 배우지 못하고, 농사일을 거들며 어린 시절을 보내야만 했다.

그런데 다행히도 그에게는 그림에 뛰어난 재능이 있었다. 그는 목탄으로 땅바닥에 그림을 그리며 시간을 보내곤 했다. 그렇게 해서 길러진 스케치 실력이 매우 뛰어났다. 그는 마크 트웨인과 디킨스의 책을 즐겨 읽으며 만화가로서의 꿈을 키워나갔다.

디즈니는 광고 대행사에서 일하며 영화 간판부터 카탈로그를 위한 그림들을 그리고 영화 제작에 관한 기초적인 기술을 익혔다. 시간이 흐르면서 디즈니는 만화영화에 대해 관심을 갖기 시작했고, 그의 눈에는 단순한 만화가 아니라 구체적으로 움직이는 만화의 영상이 그려졌다. 그것은 감정의 표현을 자연스럽게 하고 마치 살아 움직이는 듯한 생동감 넘치는 영상이었다. 디즈니는 머릿속으로 상상되는 이미지를 위해 칼 루츠가 쓴 만화 입문서와 인간과 짐승의 동작에 대해 연구하기 시작했고, 낡은 카메라를 빌려 밤마다 창고에 틀어박혀 카메라 작동법을 익혔다.

디즈니의 만화영화에 대한 열정은 매우 대단해서 집착에 가까울 정도였다. 그의 피나는 노력으로 만화영화에 대한 기술을 익혀 나갔다. '열정의 힘'은 사람이 상상할 수 없는 결과를 낳기도 하는데, 디즈니의 경우는 그 정도가 더 뚜렷이 나타났다.

1922년 디즈니는 '래프 오 그램'이라는 정식 회사를 설립하고, 단편 만화영화를 제작했다. 새로운 주인공을 내세우지 않고 '금발의 미녀와 곰 세 마리' 같은 동화에서 이야기 소재를 찾았다. 하지만 그의 피나는 노력에도 불구하고 흥행결과는 너무도 참담했다. 첫 만화영화 제작에 실패한 디즈니는 크게 실망을 했지만, 캔자스를 떠나 형이 있는 할리우드로 가서 '디즈니 브라더스'라는 애니메이션 스튜디오를 차리고, 검은색 토끼 캐릭터 '오스왈드'를 만들어 유니버셜사를 통해 배급하여 크게 성공을 거뒀다. 이때 그 유명한 '미키마우스'가 만들어졌다.

미키마우스는 생쥐를 캐릭터로 한 것으로써 지금도 전무후무한 만화 캐릭터다. 친근감 있는 미키마우스는 전 세계 어린이들뿐만 아니라 어른들까지도 매료시켰다.

그런데 미키마우스가 탄생된 데는 재미있는 일화가 있다. 디즈니가 밤늦게 일하는데 생쥐 한 마리가 그의 눈에 띄었다. 그 순간 어린 시절 즐겨 그렸던 생쥐가 생각났다. 그는 무릎을 치며 "바로 이거야!" 하면서 생쥐 그림을 그렸다. 순간의 아이디어가 그에게 엄청난 명예와 부를 가져다주었다. 독창적인 창의력이 얼마나 많은 부가가치를 지니고 있는지를 여실히 보여준 디즈니의 미키마우스. 그리고 1933년 '아기 돼지 삼 형제'가 만화영화로 만들어져 그에게 엄청난 부와 명성을 가져다주었다. 그는 승승장구했고 자신의 이름을 세계사에 길이 남겼다. 디즈니가 어려운 환경을 극복하고 성공할 수 있었던 것은 지혜롭게 창의적이고 생산적인 삶을 꾸준히 추구했기 때문이다.

삶을 생산적으로 살아가는 사람들의 몇 가지 특징이다.

첫째, 자신을 게을리하는 법이 없다. 스스로를 게을리한다는 것은 자신을 함부로 여기는 일이라고 여겨 늘 무언가를 배우고 배우려고 애쓴다. 둘째, 새로운 변화에 뒤처지지 않게 늘 책을 읽고 정보를 입수하여 변화에 대비한다. 셋째, 어려운 사람들을 돕거나 사회활동에 적극 참여한다. 넷째, 자기애가 강하고 자기 확신이 강해 매사에 있어 철저하고 흐트러진 모습을 보이지 않으려고 노력한다.

이렇듯 삶을 생산적으로 살아가는 사람들의 네 가지 특징에서 보듯 그들은 그 어느 것도 등한시함으로써 자신을 마이너스적인 삶에 빠지지 않게 각별히 힘쓴다는 것을 알 수 있다.

마르쿠스 아우렐리우스는 철학자답게 '지혜'에 대한 관심이 높았다. 철학에 있어 지혜는 삶의 혜안을 밝히는 등불과도 같다. 다시 말해 철학은 삶을 지혜롭게 살아가는 데 있어 필요한 학문과도 같다고 하겠다. 이에 대해 그는 다음과 같이 말했다.

"당신에게 허락된 시간이 한정되어 있음을 기억해야 한다. 시간을 지혜를 기르는 데 사용하지 않으면 시간도 지나가 버리고 당신도 사라져버려 다시는 되돌릴 수 없다."

마르쿠스 아우렐리우스의 말에서 보듯 그는 지혜를 기르는 데 시간을 쓰라고 권고한다. 지혜는 삶을 살아가는 데 나침반과 같기 때문이다. 특히 유한한 존재인 인간은 삶을 슬기롭게 삶으로써 헛된 삶을 사는 데 시간을 낭비하지 말아야 한다.

그렇다. 어제보다는 오늘이 나아야 하고, 오늘보다는 내일이 더 나아야 하며, 내일보다는 다음 날이 더 나아야 한다. 그래도 부족한 것이 인간의 삶인 것이다. 그런 까닭에 한여름 밤의 꿈과 같은 인생을 좀 더 의미 있게 살아야 하는 것이다.

인생이라는 전쟁터에서 꿋꿋이 살아남는 법

인생이라는 전쟁터에서
퇴각 명령을 기다리는 군인처럼
자신의 위치를 지키되 어떠한 맹세도
누구의 증언도 필요 없이 담담하게 행동하라.
남의 도움이나 위로 없이 즐거울 수 있다.
타인의 도움에 의해서가 아니라
자신의 힘으로 똑바로 서야 한다.

명상록 27

세상은 거대한 전쟁터와 같다. 하루에도 전 세계적으로 무수
히 많은 일들이 일어난다. 서로의 이익을 위해 수많은 생명이
희생되고 어렵게 쌓은 재산이 순식간에 잿더미로 변해버린다.

자국의 이익을 위해서라면 간에 붙었다 쓸개에 붙기를 아무
렇지도 않게 생각한다. 어제의 우군도 오늘의 적이 되고, 어제
의 적도 오늘은 우군이 된다. 모든 것이 자국의 이익을 위한 경
제논리에 따라 움직인다.

세계가 이럴진대 그 안에서 살아가는 사람들이야 오죽하겠는가. 기업과 기업, 개인과 개인 간에도 경쟁이 치열하다.

"사느냐 죽느냐 그것이 문제"라는 윌리엄 셰익스피어William Shakespeare의 희곡 『햄릿』의 대사처럼 인생이라는 전쟁터는 한마디로 '사느냐 죽느냐'에 목숨이 걸려 있다. 그러다 보니 곳곳에 삶의 함정이 널려 있다. 그 함정에 갇히게 되면 힘들고 고통스럽게 살아가게 된다. 이는 특정인들에게만 닥치는 일이 아니다. 누구나 겪게 되는 보편적인 일인 것이다.

그러다 보니 사는 게 너무 힘들고 고통스러워 인생이라는 전쟁터를 떠나는 이들이 있다. 이는 매우 슬프고 비참한 일이 아닐 수 없다. 사람의 목숨은 하늘이 준 아주 특별한 선물이다. 그런데 그 선물인 목숨을 사는 게 힘들고 고통스럽다고 끊어버리니 어찌 비감하지 않을까.

인생이란 전쟁터에서 내가 살아가기 위해서는 어떤 상황에서도 약해져서는 안 된다. 그것은 곧 패배를 뜻하기 때문이다. 그런 까닭에 인생에 패배하지 않기 위해서는 아무리 힘들고 고통스러워도 이겨내야 한다. 이를 잘 알게 하는 이야기다.

김구가 청년 시절 치하포(황해도 안악군 소재)에서 일본인 쓰치다를 살해하고 체포되어 해주 감영에서 고문을 받을 때 주리를 틀리는 형벌을 받았다. 무지막지한 고문으로 정강이뼈가 하얗게 드러났지만, 김구는 눈 하나 깜빡 안 하고 그 모진 형벌을 참아냈다. 그리고 두 달 후 인천 감옥으로 이감되었다. 감옥은 매우 불결했고 여름철이라 견딜 수 없을 만큼 더웠다. 그런데다 장티푸스에 걸려 고통은 배가 되었다. 그 고통이 얼마나 심한지 김구는 훗날 이렇게 말했다.

"고통이 너무 심해 짧은 생각에 자살하려고 동료 죄수들이 잠든 사이에 이마 위에 손톱으로 '충忠'자를 새기고 허리띠로 목을 졸라 숨이 끊어졌다. 숨이 끊어진 잠깐 동안, 나는 고향으로 가서 평소 친애하던 6촌 동생 창학이와 놀았다. 고시古詩에 이르기를 '고향이 늘 눈앞에 아른거려, 굳이 부르지 않았는데 혼이 먼저 가 있도다'라고 했는데, 실로 헛된 말이 아니었다."

김구의 말에서 고통이 너무 심해 자살을 하려고 목을 졸라 정신을 잃고 느낀 심정이 잘 나타나 있다. 그러나 그는 살아났고 그 후 굳은 의지와 신념으로 그 어떤 상황에서도 흔들리지 않고 초지일관한 끝에 상해임시정부의 주석이 되어 조국 독립에 헌신했다.

견인불발堅忍不拔이란 말이 있다. 이는 '굳게 참고 견디어 마음을 빼앗기지 않는 높고 의연한 기개'라는 뜻으로 아무리 힘들고 고통스럽더라도 이를 악물고 참고 견디어 내야 한다. 그리고 의지가 굳어 무슨 일에도 굴하지 않는다는 강의목눌剛毅木訥의 정신으로 어려운 현실을 이겨내야 한다. 김구가 그러했듯 그것만이 힘듦과 고통을 이기고 웃음 지을 수 있는 최선의 방법인 것이다.

마르쿠스 아우렐리우스는 인생의 전쟁터에서 살아남기 위해서는 "타인의 도움에 의해서가 아니라 자신의 힘으로 똑바로 서야 한다"고 말했다.

왜 그럴까. 남의 도움에 의지하다 보면 어려운 일이 있을 때마다 도움을 받으려고 하기 때문이다. 그런 까닭에 아무리 힘들고 고통스러워도 혼자만의 힘으로 일어서야 한다는 것이다.

그렇다. 내 인생은 내가 사는 것이지 누가 대신 살아주는 것이 아니다. 어려운 일을 만나 힘들고 고통스럽더라도 강의목눌의 정신으로 극복하라. 그것이 인생이란 전쟁터에서 살아가는 최선의 방책인 것이다.

불성실하게 얻은 이익을 멀리하라

신의를 저버리고 자존심을 잃고
남을 미워하거나 의심하거나 저주하고,
위선을 행하거나
불성실하게 해서 얻은 이익이라면
그것은 결코 당신에게 이로운 것이 아니다.

명상록 28

재산을 축적함에 있어 뇌물을 수수하고, 편법을 쓰고, 착취를 하고, 교묘한 방법으로 남의 재산을 가로채고, 사기를 치는 등 정당하지 않은 방법으로 재산을 축적하는 것은 옳은 방법이 아니다. 그것은 엄연한 불법으로 양심을 속이는 부당한 일이라고 하겠다.

최근 몇 년 사이 전세사기로 인해 억울하게 피해를 본 사람들로 우리 사회는 어수선하다. 나쁜 마음을 가진 자들이 같은 집을 여러 사람에게 임대를 주고 힘들게 모은 임차인의 전세보증금을 가로채는 등 그 수법이 교활해 분노가 일 정도다.

또한 한 사람이 수십 채 혹은 수백 채의 집을 보유하고 전세 보증금 사기를 벌이는 이들도 있어 그 피해가 심각할 정도다. 더욱이 사기를 당한 사람들 중엔 삶에 의욕을 잃고 목숨을 끊는 일이 종종 일어나다 보니 그 억울한 죽음을 누가 채워줄 수 있을까. 정부에서는 대책을 강구한다고 하나 아직까지도 믿을 만한 대책이 없으니 당하는 사람만 억울하고 불쌍할 뿐이다.

이처럼 남에게 씻을 수 없는 상처를 주고 사기를 쳐서 재산을 쌓은들 그게 무슨 소용이란 말인가. 그것은 죄를 짓는 일이며 자신의 영혼을 더럽히는 일이고 인생을 망치는 일이다.

마르쿠스 아우렐리우스는 불성하게 얻은 이익에 대해 이렇게 말했다.

"신의를 저버리고 자존심을 잃고 남을 미워하거나 의심하거나 저주하고, 위선을 행하거나 불성실하게 해서 얻은 이익이라면 그것은 결코 당신에게 이로운 것이 아니다."

마르쿠스 아우렐리우스의 말에서 보듯 불성실하게 얻은 이익, 즉 부당한 방법으로 얻은 이익은 이롭지 않다. 그런 돈으로 아무리 좋은 옷을 입고, 좋은 차를 타고, 좋은 집에서 좋은 음식을 먹고 산다고 해도 그것은 파렴치한 행위이며 양심을 파멸시키는 일일 뿐이다.

《논어論語》〈옹야편雍也篇〉에 단사표음單食瓢飮이라는 말이 있다. 대광주리의 밥과 표주박의 물이라는 말로, 매우 소박한 생활을 뜻하는 말이다. 다음은 이 말이 생긴 유래다.

공자孔子의 제자 중 안회顏回는 학문을 매우 좋아했다. 공자의 제자들이 많다 보니 같은 가르침을 받았지만 제각각 추구하는 삶의 가치관은 달랐다. 그런 까닭에 공자는 제자들 중에 안회를 가장 아끼고 총애했다.

안회는 학문에 정진해 스물아홉에 백발이 되었으며, 높은 학문 못지않게 덕행에 뛰어나 공자도 그로부터 배울 점이 많았다고 한다. 안회는 하도 가난하여 대나무로 된 그릇에 밥을 먹고 표주박으로 물을 떠먹는 빈궁한 삶이어서 평생을 끼니조차 제대로 잊지 못하고 지게미조차 배불리 먹어보지 못했다. 하지만 그는 주변 환경을 탓하거나 자신의 처지를 비관한 적이 한 번도 없었다. 또한 가난하고 구차한 자신의 환경을 탓하거나 원망하지 않고 학문의 즐거움을 최고의 기쁨으로 여겼다.

공자는 안회에 대해 이렇게 말했다.

"어질도다 안회여, 대그릇에 밥을 먹고 표주박에 물을 마시며 누추한 곳에 살면서도 다른 이들 같으면 근심을 견디어 내지 못할 텐데 학문을 즐거이 하며 도를 따르니 장하고도 장할

우리에게 허락된 시간은 한정되어 있음을 기억하라

지어다."

공자는 안회가 서른한 살에 요절하자 그를 잃은 슬픔이 너무도 커 하늘이 자신을 버렸다면서 대성통곡을 했다고 하니 안회의 청빈한 삶은 스승인 공자도 감복하게 했다.

이 이야기 속의 안회처럼 비록 소박한 음식을 먹을지언정 자신이 추구하는 삶을 살며 마음이 편하면 그것으로 족하다. 죄를 짓지 않은 순수한 생활, 즉 청빈한 삶이기 때문이다.

그렇다고 해서 무조건 청빈하게 생활하라는 말은 아니다. 정당한 방법으로 열심히 수고해 버는 돈이라면 그것처럼 떳떳한 것이 어디 있을까. 근면성실하게 쌓은 재산이야말로 진정한 재산인 것이다.

혹여, 많은 돈을 벌 수 있다고 누군가가 유혹하는 일이 있더라도 절대로 넘어가서는 안 된다. 편하게 돈을 번다고 말하면 그것은 백이면 백 사기에 불과하다. 그런 유혹에서 자신을 지킬 수 있도록 마음을 단단히 하고 귀를 닫아걸어라. 그것이야말로 자신을 지키는 일이며 온당하게 이익을 추구하는 방법이기 때문이다.

선한 사람이 취해야 할 바람직한 자세

선한 사람은 자신이 소박하고 겸손하게
보람찬 행복 속에서 살아간다는 사실을
남들이 믿어주지 않더라도
어느 누구에게든 화내지 않는다.
그들은 흔들림 없는 신념을 지키며 자신의 길에서
벗어나지 않고 묵묵히 나갈 뿐이다.
그리하여 늘 평온하고 순수하게 생에 대한 집착 없이
운명과 조화를 이루며 살아간다.

명상록 29

노자老子의 《도덕경道德經》 제8장에 상선약수上善若水라는 말이 있다. 이는 최고의 선은 물과 같다는 뜻으로, 노자의 사상에서 물을 이 세상에서 으뜸가는 선의 표본으로 여기어 이르는 말이다.

노자의 말에서 알 수 있듯 물은 사람과 동식물에게 없어서는 안 될 소중한 존재다. 물이 없으면 생명이 있는 것은 그 어느 것도 살 수 없다. 물은 생명과 베풂의 대명사라고 할 수 있다. 이를 한 마디로 말한다면 '선'이라고 할 수 있다.

물을 사람의 관점에서 본다면 선한 사람이라고 할 수 있다. 그런 까닭에 선한 사람은 물과 같아 누구에게든지 꼭 필요한 존재라고 할 수 있다. 그래서일까, 선한 행동을 하는 사람을 보면 그가 누구든 감동을 준다. 다음은 선을 베푼다는 것이 얼마나 아름다운 일이며 행복한 일인지를 잘 알게 하는 이야기다.

큰 농장을 가지고 있는 농부가 있었다. 그는 큰 부자답지 않게 겸손했고, 예루살렘 부근에선 가장 자선심이 후한 사람이었다. 그래서 매년 랍비들은 그의 집을 방문했고, 그럴 때마다 그는 아낌없이 후원금을 내놓았다.

그러던 어느 해, 폭풍우가 몰아쳐 과수원이 모두 망가져버리고 가축들에게 전염병이 돌아 그가 기르던 양과 소, 말까지 모조리 전멸하고 말았다.

"오, 이럴 수가. 어떻게 이런 일이 있을 수 있단 말인가?"

농부는 가슴을 쓸어내리며 중얼거렸다. 이 소식을 들은 빚쟁이들이 농부 집으로 몰려들어 그의 재산을 모두 빼앗아 버렸다. 농부에게 남은 재산은 손바닥만 한 토지가 전부였다. 그러나 농부는 자신의 재산은 하나님이 주시고 또 가져갔다고 생각하며 아무렇지도 않게 생각했다.

이런 사실을 모르는 랍비들은 여느 해처럼 그를 찾아왔다. 그러고는 달라진 그의 처지를 보고 깜짝 놀라 위로의 말을 쏟아 놓았다.

농부는 마지막으로 남아 있는 땅의 절반을 팔아 헌금하고, 남은 절반의 땅을 열심히 경작하여 재산을 불려 나가도록 할 거라고 말했다. 랍비들은 농부의 말에 큰 감동을 했다.

농부는 나머지 땅에 온 정성을 다 기울여 농사를 지었다.

그러던 어느 날 밭을 갈던 소가 갑자기 쓰러지고 말았다. 흙투성이가 된 소를 일으키려 애쓰는데 소의 발밑에 뭔가가 보였다. 엄청난 양의 보물이었다. 그 보물을 통해 농부는 다시 예전과 같은 농장을 운영하게 되었다.

이듬해 랍비들은 아직도 농부가 가난한 생활을 계속하고 있으리라 생각하고, 지난해 작은 땅을 경작하던 곳으로 찾아갔다. 그러나 그곳엔 농부가 없었다.

"그 사람은 예전 자신의 농장으로 갔습니다. 그곳에 가 보세요."

랍비들은 이웃 사람들의 말을 듣고 그곳으로 찾아갔다. 놀랍게도 농부는 예전의 큰 농장에서 살고 있었다. 농부는 아무 영문도 모르는 랍비들에게 그 이유를 설명해 주었다. 랍비들은 그의 이야기를 듣고는 감동 먹은 얼굴이 되어 말했다.

"오, 놀랍고 감사한 일입니다. 그토록 아름다운 선행을 베풀더니……. 진심으로 축하드립니다."

"아낌없이 자선을 베풀면 그 대가가 반드시 되돌아온다는 것을 알았습니다. 전처럼 후원을 할 수 있게 돼 그것이 너무 기쁠 뿐입니다."

농부가 환히 웃으며 하는 말을 듣고 랍비들도 따라서 웃었다.

이는 《탈무드》에 나오는 이야기로 농부의 선행이 세상을 아름답고 행복하게 한다는 것을 알 수 있다. 이 이야기에서 보듯 "모든 선한 것은 작은 시작으로부터 나온다"는 영국의 사상가이자 비평가인 프랜시스 베이컨의 말은 설득력을 지닌다. 선을 베풀어 본 사람은 안다. 선행이 얼마나 마음을 따뜻하게 하고 풍요롭게 하는지를.

마르쿠스 아우렐리우스는 이르기를 "선한 사람은 자신이 소박하고 겸손하게 보람찬 행복 속에서 살아간다는 사실을 남들이 믿어주지 않더라도 어느 누구에게든 화내지 않는다. 그들은 흔들림 없는 신념을 지키며 자신의 길에서 벗어나지 않고 묵묵히 나갈 뿐이다. 그리하여 늘 평온하고 순수하게 생에 대한 집착 없이 운명과 조화를 이루며 살아간다"고 했다.

그렇다. 선한 사람은 소박한 가운데서도 행복하게 살아간다. 그런 까닭에 어려움을 만나도 자신의 신념을 지키며 자신이 행하는 일을 멈추지 않는다. 자신이 진정으로 행복하다고 싶다면 선을 행하라. 선을 베푸는 만큼 행복하게 살아가게 될 것이다.

거품 같은 명성과 공허한 갈채에
갇히지 않기

거품 같은 명성이 당신의 마음을 어지럽히는가.
그렇다면 눈앞에서 벌어지는 모든 일이
얼마나 빨리 잊혀지는지,
끝없는 시간인 과거와 미래와는 달리
현재는 얼마나 짧은 순간에 불과한지 생각해보라.
갈채란 얼마나 공허하며, 허울 좋게 당신을 찬양하는
사람들은 얼마나 변덕스럽고 무분별한가.
겨우 그 사람들에게서 명성을 얻으려고 자신을 괴롭히는가.
당신 자신의 영혼에 안주하라.
결코 빗나가거나 초조해하지 말라.

명상록 30

일장춘몽一場春夢이란 말이 있다. '한바탕의 봄꿈'이라는 뜻으로, 인생의 부귀영화가 덧없이 사라짐을 비유하는 말이다. 그러니까 인생이란 한바탕의 꿈과 같다는 말이다.

사람들 중엔 지난날 자신이 잘나가던 때를 잊지 못하고 "내가 이래 봬도 왕년에 잘나갔지"라고 말하며 지금의 남루함을 한탄하는 이들이 있다. 물론 그럴 수 있다. 그런데 문제는 화려했던 과거나 잘나갔던 지난날에 빠져 방황함으로써 자신을 잘못되게 한다는 데 있다.

그러나 그런 사람들 중엔 지난날을 잊고 현실을 직시하며 노력한 끝에 새롭게 거듭난 이도 있다. 이를 잘 알게 하는 이야기다.

음악의 어머니라고 불리는 바로크 시대의 위대한 음악가 프리드리히 헨델Friedrich Handel. 그는 독일에서 태어나 이탈리아에서 음악 활동을 펼치면서 명성을 얻었다. 그 후 그는 영국으로 가서 영국을 주 무대로 활동했다. 그가 영국에 발을 붙인 것은 오페라 〈리날도〉가 런던에서 큰 호응을 얻었기 때문이다. 그는 〈앤 여왕의 생일을 위한 송가〉를 작곡하여 앤 여왕의 총애를 한몸에 받았다. 영국의 귀족들은 물론 지식인들에게도 진정한 음악가로 존경받았다.

그는 1726년 영국 국민이 되었다. 그는 왕실 예배당의 작곡가가 되었고, 왕립 음악 아카데미의 음악 감독으로 상연되는 오페라를 대부분 작곡했다. 그는 음악가가 누릴 수 있는 명성을 누리며 부유하게 살았던 음악사에서 가장 축복 받은 음악가였다.

그런 그에게도 불행은 찾아왔다. 그는 1737년 뇌일혈로 발작을 일으키며 병을 얻게 되었다. 오페라의 쇠퇴로 그가 운영하던 극장이 파산했고 그는 빈털터리가 되었다.

헨델의 화려했던 지난날은 마치 한여름 밤의 꿈과 같았다. 사람들도 그를 잊었는지 길을 가도 아는 척도 하지 않았다. 그야말로 인생무상人生無常이었던 것이다.

그는 왕과 귀족은 물론 영국 국민들에게 갈채를 받으며 이 세상을 다 가진 것처럼 찬란했던 시절을 떠올리며 눈물짓곤 했다. 그는 그럴 때마다 한탄스럽게 말했다.

"인생무상이라고 하더니 내가 그러하구나. 아, 나의 꿈같은 시절은 다 어디로 갔더란 말이냐. 야속하고 야속하구나!"

그는 지난날을 그리워하며 하루하루를 힘겹게 살았다. 아니 죽지 않으려고 버티고 버티었다. 움푹 팬 눈과 병세가 짙은 얼굴은 자신이 보기에도 낯선 사람 같아 소스라치게 놀라곤 했다.

그러나 그런 가운데도 그는 꿈을 잃지 않으려고 했다. 그리고 지난날 수많은 사람들로부터 받았던 찬란했던 갈채를 마음으로부터 떨쳐버리자고 다짐하며 아직까진 자신이 죽지 않았다는 것을 증명해 보이고 싶었다.

그의 나이 56세이던 어느 겨울날이었다. 그가 밖에서 돌아왔을 때 책상 위에 놓여 있는 봉투를 보았다.

'이것이 대체 무슨 봉투지?'

그는 의아해하며 봉투를 집어 안의 내용물을 꺼냈다. 종이에는 '신에게 바치는 오라토리오'라는 글씨가 적혀 있었다. 찰스 제네스라는 시인이 보낸 것이었다. 오라토리오를 즉시 작업할 수 있는지 여부를 묻는 내용이었다. 헨델이 대충 훑어보고 봉투를 내려놓으려는 순간이었다. 그는 한 대목에서 눈길이 멈추었다. 그의 눈길을 사로잡은 대목은 다음과 같다.

'그는 사람들에게 거절당했으며 또한 비난까지 당했다. 그는 자신에게 용기를 줄 누군가를 찾고 있었다. 그러나 그 어디에도 없었다. 그 누구도 그를 편하게 대해주지 않았다. 그는 하나님을 믿기로 했다. 하나님은 그의 영혼을 지옥에서 건져 주었다. 하나님은 당신에게 안식을 줄 것이다.'

헨델은 이 글을 읽고 나서 가슴이 뭉클해졌다. 마치 어려움에 처해 있는 자신을 향한 말처럼 느껴졌다. 그 순간 자신도 모르게 눈물이 흘러내렸고 가슴이 뜨거워지며 불덩이가 이글거리는 것 같았다. 그의 입에서는 탄성이 터져 나왔고 머릿속에서는 알 수 없는 멜로디가 떠올랐다. 그는 즉시 펜을 들고 악보를 그려 나갔다. 그는 식사도 거른 채 작곡에만 열중했다. 작곡을 하는 동안 그는 마치 혼이 나간 사람 같았다. 앉았다 일어서기를 반복하고, 이리저리 움직이며 머리를 쥐어뜯기도 했다. 마침내 그는 작곡을 시작한 지 23일 만에 곡을 완성했다.

곡을 완성한 헨델의 얼굴에는 기쁨이 가득했다. 환희에 잠긴

모습이었다. 그는 곡명을 〈메시아〉라고 지었다. 〈메시아〉는 많은 사람들의 기대 가운데 상연되었다. 상연 후 극장에 있던 사람들은 감동에 젖은 얼굴로 들떠 있었다. 당시 국왕이었던 조지 2세가 합창을 듣고 감동한 나머지 벌떡 일어났던 일화는 지금까지 전해져 내려온다.

헨델이 어려운 가운데서도 불후의 명작을 쓸 수 있었던 것은 지난날의 화려했던 갈채를 잊고, 마지막까지 자신의 본질을 잊지 않으려고 참고 견디어 냈기 때문이다. 지난날의 명성과 갈채에 빠짐을 경계해야 함에 대해 마르쿠스 아우렐리우스는 이렇게 말했다.

"거품 같은 명성이 당신의 마음을 어지럽히는가. 그렇다면 눈앞에서 벌어지는 모든 일이 얼마나 빨리 잊혀지는지, 끝없는 시간인 과거와 미래와는 달리 현재는 얼마나 짧은 순간에 불과한지 생각해보라. 갈채란 얼마나 공허하며, 허울 좋게 당신을 찬양하는 사람들은 얼마나 변덕스럽고 무분별한가. 겨우 그 사람들에게서 명성을 얻으려고 자신을 괴롭히는가. 당신 자신의 영혼에 안주하라. 결코 빗나가거나 초조해하지 말라."

마르쿠스 아우렐리우스의 말에서 보듯 거품 같은 명성과 갈채는 공허한 까닭에 그것에 매이지 않아야 한다는 걸 잘 알게 한다. 그것은 자신을 초조하게 함으로써 잘못된 결과를 낳게 할 수도 있기 때문이다. 그런 까닭에 헨델이 그랬듯이 거품 같은 지난날의 명성과 갈채로부터 벗어나도록 노력해야 한다. 그랬을 때 잘못된 길에서 벗어나 인생의 유종의 미를 거둘 수 있기 때문이다.

그렇다. 지금 이 순간 지난날의 명성이나 갈채에 빠져 방황하고 있다면 그 길에서 벗어나라. 그리고 있는 힘을 다해 살아야 한다. 그랬을 때 뜻하지 않은 기쁨을 맞게 될 것이다.

꿋꿋이 서서 꿋꿋하게 살아라

파도가 끊임없이 밀려와 부딪쳐도
끄떡없이 버티고 서 있는 곳처럼 꿋꿋이 살라.
꿋꿋이 서 있다 보면
거칠던 파도도 이내 잠잠해질 것이다.

명상록 31

"사람을 가장 사람답게 인도하는 힘은 의지력에 달려 있다. 기둥이 약하면 집이 흔들리듯 의지가 약하면 삶도 흔들린다."

이는 미국의 시인이자 사상가인 랄프 왈도 에머슨Ralph Waldo Emerson이 한 말로 의지의 중요성을 잘 알게 한다. 의지가 굳으면 그 어떤 어려움도 능히 극복할 수 있기 때문이다.

마르쿠스 아우렐리우스 또한 의지의 중요성에 대해 이렇게 말했다.

"파도가 끊임없이 밀려와 부딪쳐도 끄떡없이 버티고 서 있는 곳처럼 꿋꿋이 살라. 꿋꿋이 서 있다 보면 거칠던 파도도 이내 잠잠해질 것이다."

마르쿠스 아우렐리우스의 말에서 보듯 파도가 밀려와 부딪쳐도 꿋꿋이 서서 버텨내는 곳처럼 시련이라는 파도가 밀려와 고통스럽게 해도 꿋꿋하게 버텨내면 시련을 물리치고 평온한 삶을 살 수 있다는 것이다. 참으로 적절한 비유가 아닐 수 없다.

크나큰 시련 속에서도 좌절하지 않고 굳은 의지로 최선을 다한 끝에 꿋꿋이 서서 꿋꿋하게 살아감으로써 많은 이들에게 귀감이 되는 이야기다.

영혼의 목소리로 노래하는 구원의 가수로 널리 알려진 세계적인 테너 안드레아 보첼리Andrea Bocelli. 그는 시각장애인이지만 개성 있는 목소리와 뛰어난 가창력, 잘생긴 외모로 많은 팬을 갖고 있다. 그가 앞을 보지 못하게 된 것은 어린 시절 친구들과 축구를 하다 그만 머리를 다치는 사고가 났다. 그로 인해 시력을 잃게 되었다.

보첼리가 시력을 잃기 전 그의 부모는 그가 여섯 살 때부터 피아노 레슨을 받게 했다. 보첼리는 피아노 외에도 플루트, 색소폰을 배웠다. 하지만 보첼리는 유독 오페라 아리아에 많은 관심을 보였다.

보첼리가 시력을 잃은 후 잠시 암울했던 집안은 적극적이고 긍정적인 부모로 인해 다시 활기를 되찾고 그를 위해 최선을 다했다. 그 역시 자신의 처지에 굴복하지 않고 자신의 미래를 위해 열심히 공부했다.

보첼리는 앞이 보이지 않는 답답하고 힘든 생활을 의지 하나로 버티며, 열심히 자신의 길을 열어가기 위해 노력에 노력을 거듭했다. 그는 자신에게 주어진 운명을 자연스럽게 받아들이는 지혜를 선택했던 것이다.

보첼리는 피사대학에 진학하여 법률을 공부한 끝에 법학박사 학위를 취득하고 변호사가 되어, 여러 해 동안 법률가로서의 생활을 지속했다.

그러나 그의 가슴속에는 노래에 대한 강한 미련이 남아 있어, 노래의 꿈을 접을 수가 없었다. 그는 넘쳐나는 음악에 대한 열정을 감추지 못해 전설적인 테너 프롱코 코델리를 찾아가 그의 문하생이 되었다. 그는 교습비를 마련하기 위해 클럽과 레스토랑에서 피아노를 연주했다.

이후 보첼리는 1992년 이탈리아를 대표하는 록스타 주개로와 인연이 되어, 주개로의 데모 테입 제작을 위해 그와 함께 〈미세레레〉라는 노래를 불렀는데, 그의 노래를 듣고 테너 루치아노 파바로티는 감탄을 하며 칭찬을 아끼지 않았다. 주개로의 당초 계획대로 파바로티와 노래를 녹음했지만, 바쁜 파바로티를 대신해 라이브 공연에는 보첼리가 초대되었던 것이다. 이 공연은 보첼리의 인생을 바꾸어 놓는 계기가 되었다. 그의 노래를 들은 청중들은 열광했고, 곧이어 그의 이름은 유럽 전역에 알려지기 시작했으며, 그를 성공의 길로 이끌어 주었다. 주개로의 소개로 파바로티를 알게 된 보첼리는, 그의 진가를 알아본 파바로티의 연말 자선 콘서트에 초대되어, 유감없이 자신의 노래 실력을 보여줌으로써 더욱 자신의 입지를 굳혀나갔다.

보첼리는 가는 곳마다 돌풍을 일으키며 영혼을 노래하는 가수라는 찬사를 받았다. 그의 목소리에는 깊은 울림과 떨림이 있는데, 이는 다른 테너들이 흉내낼 수 없는 그만의 개성이었다. 그의 이런 점이 사람들을 매료시켰던 것이다.

그가 즐겨 부른 대표곡은 '콘테 파르티로'로 〈그대와 함께 떠나리〉라는 노래이다. 그는 클래식에서부터 팝에 이르기까지 못하는 장르가 없고, 그런 그의 노래는 수백만 장이 발매되는 등 성공의 가도를 달린 끝에 세계적인 테너로 우뚝 섰다.

보첼리의 경우에서 보듯 그는 인간으로서 견딜 수 없을 만큼 힘든 시련을 절대적인 의지로 맞서 싸운 끝에 인생의 승리자가 되었다. 그의 삶은 한마디로 위대한 인간의 승리라고 할 수 있다.

그렇다. 어떤 어려움이 닥쳐오더라도 좌절하지 말고 마르쿠스 아우렐리우스의 말처럼 꿋꿋이 맞선다면 능히 시련을 극복하고 인생의 승리자가 되어 꿋꿋이 설 수 있다. 굳은 의지는 불가능도 가능하게 하는 강력한 '인생의 파워엔진'인 것이다.

CHAPTER 4

어지러운 세상에서
평온한 삶을 사는 법

언제나 올바르게 생각하고 행동하라.
그러면 당신의 생애는 평온하게 흘러갈 것이다.

Marcus Aurelius

도움을 주고 대가를 바라지 마라

어떤 사람들은 남을 돕고 나서 주저 없이
돌아올 보답을 계산하여 받으려고 한다.
또 어떤 사람은 그렇게까지는 아니지만 마음속으로
상대방에게 받을 빚이 있다 여기며
자신이 베푼 일을 기억해 둔다. 그러나 남에게 베푼 친절을
전혀 의식하지 않는 사람도 있다.
이런 사람은 포도송이를 맺고 나서
아무것도 바라지 않는 포도나무와 같다.

명상록 32

도움을 준다는 것은 자신의 '마음', 즉 '사랑'을 준다는 의미이다. 그러니까 마음에서 우러나와 자신이 가진 것(물질이나 봉사)을 나눠주는 것을 말한다.

여기서 한 가지 생각해볼 문제가 있다. 자신이 도움을 줄 땐 대가를 바라지 말아야 한다는 것이다. 대가를 바라지 않는 것은 순수한 마음을 의미하지만, 대가를 바란다면 계산적이고 의

도적인 것이기에 도움을 준다고 할 수 없다. 그것은 스스로를 기만하는 행위이자 도움을 받는 사람에 대한 예의가 아니다.

"한 인간의 가치는 그가 무엇을 받을 수 있느냐가 아니라, 무엇을 주느냐로 판단된다."

이는 21세기 최고의 물리학자로 평가받는 알버트 아인슈타인Albert Einstein이 한 말로 도움, 즉 베풂의 삶을 사는 것이야말로 가치 있는 삶이며 가치 있는 사람이라는 걸 잘 알게 한다.

"우리가 그들에게 베푸는 혜택은 자기 자신에게 미리 베푸는 혜택이다."

이는 17세기 프랑스 고전작가인 프랑수아 드 라로슈푸코 François de La Rochefoucauld가 한 말로 남에게 베푸는 것은 자신을 위해서 하는 일이라는 것이다. 그러니까 남에게 도움을 주면 자신이 행복해지므로 그것은 결국 스스로가 스스로에게 베푸는 행위인 것이다.

아인슈타인과 라로슈푸코의 말에서 보듯 남에게 도움을 주는 행위는 자신의 행복을 위해서 하는 거라는 걸 알 수 있다.

다음 이야기는 베풂의 진정한 의미가 무엇인지 잘 알게 하는 이야기다.

어떤 노인이 정원에 나무를 심고 있었다. 노인의 얼굴에선 땀이 비 오듯 쏟아졌다. 노인은 연신 수건으로 땀을 닦아내면서도 쉬지 않고 계속해서 나무를 심고 또 심었다. 노인의 얼굴엔 기쁨으로 가득 차 있었다. 때마침 그곳을 지나가던 나그네가 노인을 향해 말을 걸었다.

"어르신, 그 나무에서 언제 열매를 거둘 수 있다고 그렇게 열심히 나무를 심으십니까?"

"한 70년은 지난 뒤에야 결실을 볼 수 있을 것이오."

"네에, 그렇군요. 어르신께서 그토록 오래 사실 수 있으시겠습니까?"

나그네는 고개를 갸우뚱거리며 또다시 물었다. 그러자 노인은 나그네를 바라보며 빙그레 웃었다. 그러고는 이내 말문을 열었다.

"아니오. 그렇게 살 수 없지요. 내 나이가 지금 몇인데……."

"그럼, 왜 그토록 열심히 나무를 심으십니까?"

"그 이유를 꼭 알고 싶소?"

"네. 어르신."

"나는 이 나무에서 자란 열매를 먹지 못해요. 하지만 내가 태어날 때도 많은 과일나무가 있었다오. 그 과일나무로 인해 나는 많은 열매를 먹을 수 있었소. 그런데 그 과일나무를 내 아버님께서 내가 태어나기도 전에 심어 놓으셨다오. 나 역시 내 아버님처럼 나무를 심어 놓으면 다음에 태어날 내 손자들이나 다른 사람들이 맛있게 먹게 될 것 아니겠소. 난 그런 마음으로 심는 거라오."

"네. 그런 뜻이 있으셨군요."

나그네는 노인의 말을 듣고, 깊은 감동을 받았다.

이는《탈무드》에 나오는 이야기로 다른 이들을 위해 대가 없이 기쁜 마음으로 나무를 심는 노인을 통해 진정한 베풂의 의미를 잘 알게 한다.

마르쿠스 아우렐리우스는 도움의 의미에 대해 이렇게 말했다.

"어떤 사람들은 남을 돕고 나서 주저 없이 돌아올 보답을 계산하여 받으려고 한다. 또 어떤 사람은 그렇게까지는 아니지만 마음속으로 상대방에게 받을 빚이 있다 여기며 자신이 베푼 일을 기억해 둔다. 그러나 남에게 베푼 친절을 전혀 의식하지 않는 사람도 있다. 이런 사람은 포도송이를 맺고 나서 아무것도 바라지 않는 포도나무와 같다."

마르쿠스 아우렐리우스의 말처럼 도움을 주고 대가를 바라는 사람, 그렇게는 아니지만 도움 준 사람에게 받을 빚이 있다고 여기는 사람은 진정한 도움의 의미를 모르는 사람이다. 이들은 자신을 위해 의도적이고 계산적으로 도움을 주었기에 이기적인 사람이라고 할 수 있다.

　그러나 도움을 주고도 의식하지 않는 사람은 포도송이를 맺고도 아무것도 바라지 않는 포도나무와 같다고 비유한다.

　옳은 말이다. 대가를 바라고 베푸는 도움은 도움이 아니다. 그것은 자신의 이기를 위해 하는 일일 뿐이다.

　그렇다. 남을 도울 때는 대가를 바라지 마라. 그로 인해 자신이 행복할 수 있다면 그것으로 만족하라. 그것이야말로 진정한 도움이기 때문이다.

같은 상황도 다르게 대처하기

누구에게나 뜻밖의 일이 닥치게 마련이다.
그러나 모든 사람이 똑같이 그 상황을
이겨내는 것은 아니다.
어떤 사람은 불행으로 여기는 것이
어떤 이에게는 행운일 수도 있다.

명상록 33

살다 보면 뜻하지 않은 일로 어려움을 겪을 때가 있다. 그것은 의도되지 않은 일이라 당황하게 되고 심하면 고통을 느끼게 된다. 그런데 이런 상황에서도 사람에 따라 대처하는 방법이 다르다.

왜 그럴까. 그것은 그 사람의 성격이나 삶의 자세에 의해서다. 성격이 급하고 소심하고 부정적인 마인드를 가진 사람은 "왜 나한테 이런 일이 생겨. 내가 무슨 잘못을 한 게 있다고"라며 세상을 원망하고 불평불만을 쏟아놓는다.

그러나 성격이 침착하고 대범하고 긍정적인 마인드를 가진 사람은 불평불만을 하는 대신 그 일을 적극적으로 해결하려고 노력한다. 이렇듯 같은 상황도 사람에 따라 받아들이고 대처하는 자세가 다르다. 이에 대한 이야기다.

아주 오래전 어느 탄광에서 있었던 일이다. 그날도 광부들은 여느 때와 다름없이 탄을 캐고 있었다. 그런데 다이너마이트에 불을 붙이는 순간 폭음과 함께 굴이 무너지고 말았다, 순식간에 벌어진 일이라 사람들은 너무 놀라 혼이 나간 것처럼 한동안 아무 말도 할 수 없었다. 여기저기 탄더미에 깔려 죽은 광부의 시신과 작업 도구들이 널브러져 있었다. 얼마 후 정신이 든 광부들은 참혹한 모습에 몸을 부르르 떨며 절망감에 사로잡혔다.

그때 어떤 남자가 "내게 이런 일이 벌어지다니. 아, 이제 우리는 모두 죽은 목숨이다"라고 말하며 큰 소리로 울기 시작했다. 그러자 여기저기서 우는 소리로 굴 안이 마치 죽음의 동굴처럼 암울해졌다. 그때 한 남자가 말했다.

"정신만 차리면 우리는 살 수 있소. 그러니 마음 굳게 먹고 살 생각을 하시오."

그러자 울음을 그치고 한 남자가 말했다.

"이런 상황에서 어떻게 산단 말이오. 그것은 꿈에서나 가능한 일이오."

"그렇지 않소. 모든 것은 마음먹기에 달렸소. 그러니 죽는다는 생각은 하지 마시오. 분명 우리를 구조하러 올 것이오."

남자는 이렇게 말하며 사람들에게 용기를 주었다. 그러자 살아야겠다고 생각하는 이들은 남자와 같이 기도를 하며 버텨냈다. 하지만 살 수 없다고 울던 남자와 그와 같은 생각을 하는 이들은 삶을 원망하며 울기만 했다. 그렇게 사흘이 지나고 나흘이 지나자 희망을 잃은 자들은 하나둘 죽어갔다.

그러나 끝까지 살 수 있다고 믿고 기도를 하며 서로를 독려한 사람들은 어느 누구 하나 죽지 않았다. 그렇게 일주일이 지나고, 열흘째 되던 날 마침내 구조대에 의해 그들은 모두 살아났다.

이 이야기에서 놀라운 사실을 알 수 있다. 같은 상황에서도 희망을 갖고 기도하며 서로를 독려하는 사람들은 모두 살았지만, 희망을 잃고 죽을 거라며 울던 사람들은 모두 죽고 말았다.

같은 상황에서도 어떤 생각을 하고 어떻게 행동하느냐에 따라 결과는 다르게 나타난다. 긍정적으로 생각하고 행동한다는 것은 곧 희망인 것이다. 그랬기에 살 수 있다는 희망을 갖고 끝까지 버틴 사람들은 모두 살 수 있었던 것이다.

마르쿠스 아우렐리우스는 "누구에게나 뜻밖의 일이 닥치게 마련이다. 그러나 모든 사람이 똑같이 그 상황을 이겨내는 것은 아니다. 어떤 사람은 불행으로 여기는 것이 어떤 이에게는 행운일 수도 있다"라고 말했다.

그렇다. 살다 보면 생각지도 못했던 일로 어려움을 겪을 때가 있다. 이럴 땐 긍정적으로 생각하고 행동함으로써 어려움을 이겨내야 한다. 그러면 아무리 어려운 상황에서도 어려움을 이겨내게 되고, 때로는 뜻하지 않는 좋은 결과를 얻게 될 것이다.

인위의 길에서 벗어나 자연의 길로 가라

언제나 지름길을 택해 달려가라.
지름길이란 바로 자연의 길이다.
그리고 말과 행동 하나하나를 가장 건전하고
선하게 이끄는 길이다.
그 길은 근심과 투쟁
온갖 허세로부터 당신을 자유롭게 할 것이다.

명상록 34

성인은 억지로 일을 처리하고 않고 말없이 가르침을 행한다. 모든 일이 생겨나도 말하지 않고, 생겨나게 하고도 소유하지 않는다. 무엇을 해도 드러내지 않으며, 공을 세우고도 거기에 기대지 않는다. 머물고자 하지 않으므로, 이룬 일이 허사로 돌아가지 않는다.

성 인 처 무 위 지 사 행 불 언 지 교
聖人處無爲之事 行不言之敎

만물작언이불사　생이불유
萬物作焉而不辭 生而不有

위이불시　공성이불거
爲而不恃 功成而弗居

부유불거　시이불거
夫有弗居 是以不去

　이는 《도덕경道德經》 2장에 나오는 말로, 이 말의 요지는 '성인은 억지로 일을 처리하지 않고, 말없이 가르침을 행한다는 것은 곧 무위無爲를 따르는 것이기에 무슨 일이든 억지로 하지 않는다'는 것이다. 또한 그런 까닭에 '이룬 일이 허사로 돌아가지 않는다'는 것이다.

　노자老子 《도덕경》의 중심사상은 도道이며 도를 실천하는 것이 곧 무위자연無爲自然이다. 무위는 '도는 언제나 무위이지만 하지 않는 일이 없다'이고, 자연은 '하늘은 도를 본받고 도는 자연을 본받는다'는 의미이다.

　마르쿠스 아우렐리우스는 언제나 자연의 길로 가라고 말한다. 그가 말하는 자연이란 노자의 무위자연과 일맥상통하다고 하겠다.

　자연이란 무엇인가. 자연은 있는 그대로를 말하는 것이다. 인위를 가하지 않은 무위가 자연인 것이다. 그런 까닭에 자연은 언제나 한결같고 변함이 없이 흘러간다.

그러나 인위人爲는 그렇지 않다. 사람의 손이 가해지면 변하게 되어 있다. 그것은 자연을 거스르는 일이라 자연의 본질이 훼손되고 만다. 늘 푸르던 산도 사람의 손이 가해지면 산사태가 나고 무너져 내린다. 강물도 댐으로 막아버리면 맑고 푸른 물이 녹조가 끼고 물고기를 비롯한 생물들이 살지 못하는 죽음의 물이 되고 만다. 사람들이 하는 일은 모두가 이기利己를 위해서이다. 이기를 위해서 하는 인위는 자연을 파괴하고 망가트리는 일일 뿐 자연에게는 치명적인 결과를 불러온다.

그런데 자연이 손상되면 그 피해가 사람들에게 온다는 것을 잘 모른다. 아니, 안다고 해도 막무가내로 이기를 위해 인위를 가하는 일을 멈추지 않는다. 인간이 자연의 길을 걸어가야 함에 대해 마르쿠스 아우렐리우스는 이렇게 말했다.

"언제나 지름길을 택해 달려가라. 지름길이란 바로 자연의 길이다. 그리고 말과 행동하나하나를 가장 건전하고 선하게 이끄는 길이다. 그 길은 근심과 투쟁 온갖 허세로부터 당신을 자유롭게 할 것이다."

마르쿠스 아우렐리우스의 말에서 알 수 있듯 자연을 따르지 않는 길은 불완전한 길이며, 악의 길이며, 근심과 투쟁과 온갖 허세가 들끓는 길이다. 그런 까닭에 그 길은 불행을 초래함으로써 삶을 파괴하는 결과를 낳게 한다. 그러기 때문에 우리는 자연의 길로 가야 하는 것이다. 자연의 길은 늘 변함이 없이 우리를 안전하게 지켜주고, 생명을 이어주는 선善의 길이며 번영의 길인 것이다.

인간의 본성과 그것이 인간에게 미치는 영향

본성이 견뎌내지 못할 일은
인간에게 절대 일어나지 않는다.
당신에게 일어나는 일은 다른 사람에게도
다를 바 없이 일어난다.
다만 그들이 알아차리지 못할 뿐이다.

명상록 35

사람은 저마다 타고난 본성本性이 있다. 천성이라고도 하는데 성격이 강한 사람, 성격이 유한 사람, 의지가 굳은 사람, 의지가 약한 사람, 선한 사람, 악한 사람, 성격이 급한 사람, 느슨한 사람 등 그 형태는 아주 다양하다. 그런데 한 가지 분명한 것은 그 사람이 행동하는 것을 보면 그 사람의 진짜 본성을 알 수 있다는 것이다.

왜 그럴까. 이에 대해 고대 그리스 철학자 아리스토텔레스 Aristoteles는 이렇게 말했다.

"본성은 우리가 행동하는 방식을 나타낸다."

아리스토텔레스의 말은 아주 적확하다고 할 수 있다. 그런 까닭에 사람은 자기 본성대로 산다는 말이 있다. 그래서일까, 본성은 좀처럼 바뀌지 않는다고 한다. 그러나 완전히 바꿀 수는 없지만, 어느 정도는 바뀌기도 한다.

이에 대해 미국의 시인이자 사상가인 랄프 왈도 에머슨은 이렇게 말했다.

"본성은 가르침을 통해 개선된다."

에머슨의 말처럼 사람들 중엔 자신의 성격을 바꾼 이들이 많다. 가령 성격이 느슨한 사람이 행동을 빨리한다거나, 거친 성격을 부드럽게 바꾼 이들을 보면 에머슨은 말 역시 타당성이 있다고 하겠다.

아리스토텔레스와 에머슨의 말에서 보듯 인간의 본성은 노력의 여하에 따라 어느 정도 개선이 된다는 것만큼은 확실하다. 그런 까닭에 어떤 문제가 발생했을 때 가령, 참기 힘들 만큼 어려운 일이 일어나도 굳은 의지로 극복해 내기도 한다. 이는 무엇을 말하는가. 인간에게 일어나는 일은 인간이 스스로 극복할 수 있는 일이기 때문이다. 그러니까 의지가 약한 사람도 마음을 굳게 먹고 굳세게 행하면 능히 어려움을 이겨낼 수 있다.

이에 대해 마르쿠스 아우렐리우스는 이렇게 말했다.

"본성이 견뎌내지 못할 일은 인간에게 절대 일어나지 않는다."

마르쿠스 아우렐리우스의 말은 표현만 다를 뿐 인간이 지닌 의지를 강화시키면 능히 극복할 수 있다는 말과 같다 하겠다. 그러니까 그 사람에게 일어나는 일은 그 사람이 어떻게 하느냐에 따라 충분히 극복할 수 있다는 말이다.

그렇다. 본성이 견뎌내지 못하는 일은 인간에게 절대 일어나지 않는다는 마르쿠스 아우렐리우스의 말처럼 인간은 마음을 굳게 하면 그 본성이 강화되어 충분히 어려움을 극복할 수 있다. 어려운 일이 앞을 가로막아도 의지를 굳게 하라. 그러면 어려운 일도 능히 이겨내게 될 것이다.

어지러운 세상에서 평온한 삶을 사는 법

꾸준히 올바른 길로 나아가라.
언제나 올바르게 생각하고 행동하라.
그러면 당신의 생애는
평온하게 흘러갈 것이다.

명상록 36

사람은 누구나 행복하고 평온한 삶을 살기 바란다. 인간은 본능적으로 행복을 추구하려는 본성이 있다. 하지만 본성이 그렇다고 해서 누구나 행복하고 평온하게 살지 않는다. 그러기 위해서는 삶이 충족되어야 한다. 이를 자기만족이라고 하는데 자기만족은 사람에 따라 다르다. 물질에서 만족을 얻는 사람이 있는가 하면, 물질은 좀 부족해도 자신이 바라는 것이 충족되면 만족하게 된다. 이는 그 사람이 지닌 본성에 기인하는 바가 큰 까닭이다.

마르쿠스 아우렐리우스는 평온하게 사는 방법에 대해 이렇게 말했다.

"꾸준히 올바른 길로 나아가라. 언제나 올바르게 생각하고 행동하라."

마르쿠스 아우렐리우스의 말에서 보듯 평온하게 살기 위해서는 꾸준하게 올바르게 살고, 올바르게 생각하고, 행동해야 한다는 것을 알 수 있다. 그러니까 한마디로 말해 인간답게 살아야 한다는 말이다.

그렇다면 인간답게 사는 것은 어떤 것을 말하는 걸까. 자연을 거스르지 말고 순리대로 살라는 말이다. 순리대로 살면 자연을 거스르지 않음으로써 어긋난 생각이나 어긋난 행동을 하지 않는다.

물을 보라. 물은 정해진 길을 따라 흐르고, 막히면 멈추었다가 물이 차면 막힌 것을 넘어 흐른다. 틈이 있으면 틈으로 흐르되 절대 다른 길로 흐르는 법이 없다.

마르쿠스 아우렐리우스가 말한 대로 꾸준히 올바른 길로 나아가고, 올바르게 생각하고, 올바르게 행동하는 것은 순리대로 살라는 말과 같다고 하겠다. 그런데 그렇게 살다 보면 공연히 비난하고 수군거리는 이들이 있다. 그러다 보면 화가 나고 괜히 위축이 되곤 한다. 하지만 누가 뭐래도 올바른 길로 가고, 올바르게 생각하고, 올바르게 행동해야 한다.

이에 대해 마르쿠스 아우렐리우스는 이렇게 말했다.

"남들의 비난이나 평판 때문에 주저하거나 흔들리지 마라. 행하거나 말해야 할 옳은 것이 있다면 그것에 대한 당신의 권리를 포기하지 말라."

옳은 말이다. 누가 뭐라고 해도 내가 가는 길이 옳다면 그 길을 가라. 그리고 내 생각이 옳고, 내 행동이 옳다면 그대로 말하고 행하라. 사람들 중엔 자신은 그렇게 하지 못하니까, 올바르게 사는 사람을 보면 심통을 부리고 말도 되지 않는 이야기를 퍼부으며 비난을 하곤 한다.

그렇다. 사람은 바르게 살면 그 어디에도 위축될 일이 없다. 그런 까닭에 거칠 것이 없다. 거칠 것이 없다는 것은 삶이 깨끗하다는 것이고 그러니까 평온할 수밖에 없다. 하지만 마음이 깨끗하지 못하면 늘 전전긍긍하게 된다. 그래서 마음이 깨끗하지 않은 사람은 불안해하는 것이다.

평온한 삶을 살고 싶은가. 그렇다면 올바르게 생각하고, 올바르게 행동하며, 올바른 길로 나아가라.

어려운 일을 만났을 때 취해야 할 마음가짐

어떤 일이 당신에게 어렵다고 해서
그것을 인간의 능력 밖의 일이라고 생각지 마라.
오히려 반대로 생각하라.
인간이 이를 수 있고 인간 본성에 맞는 일이라면
당신도 반드시 해낼 수 있다고 생각하라.

명상록 37

천둥번개를 치며 비가 내리고
대지大地를 뒤흔들어 대며 요동을 쳐도
다음 날이면 언제 그랬느냐는 듯
태양은 또다시 떠오른다.

진눈깨비가 내리고
온 산천을 칠흑같이 뒤덮어버려도
다음 날이면 언제 무슨 일이 있었냐는 듯

태양은 찬란하게 또다시 떠오른다.

땅이 갈라지고 해일이 일어
삼킬 듯이 지구를 덮쳐 와도
다음 날이면 아무 일도 없었던 것처럼
태양은 고요히 떠올라 온누리를 비춘다.

대자연이 그러하듯

삶은 천둥번개를 치며 내리는 비었다가
때론 암흑 같은 진눈깨비이었다가
또 때론 산더미처럼 이는 해일이었다가도
아침이면 떠오르는 태양 같은 것

삶이 죽을 듯이 힘들고 고통스러워도
당당히 맞서 참고 견디어 낼지니
그리하면 언제 무슨 일이 있었느냐는 듯
희망의 태양은 또다시 뜨겁게 떠오르리라.

이는 나의 〈태양은 또다시 떠오른다〉란 시다. 이 시에서 보듯
오늘은 비가 오고, 진눈깨비가 나부끼고, 해일이 일어도 내일

아침이면 여지없이 태양은 떠오른다.

　자연의 이치가 이러하듯 우리의 삶 또한 마찬가지다. 오늘은 어렵고 힘에 겨우나 내일은 새털처럼 가볍고 쉼을 얻을 것이며, 오늘은 앞이 보이지 않는 캄캄한 길을 가는 것 같지만 내일은 환한 빛이 비추는 길을 가게 될 것이다. 이처럼 삶이란 순환열차와 같아 기쁜 일이 있으면 슬픈 일이 있고, 우중충한 날이 있으면 밝고 환한 날이 있다.

　자기계발 동기부여가이자 강연가로 유명한 브라이언 트레이시Brian Tracy. 그는 산전수전을 겪으며 자수성가한 입지전적인 인물이다. 그는 어려운 집안 환경으로 고등학교도 마치지 못했다. 그는 생계를 위해 어린 나이에 작은 호텔에서 접시 닦는 일을 해야 했다. 그 후 몇 년 동안은 여기저기를 떠돌며 온갖 막노동으로 생계를 겨우 유지했다. 스물세 살 때는 잘 곳이 없어 건초 더미에서 노숙을 하기도 했다. 지척을 분간할 수 없는 밤바다 같은 앞날에 절망하며 울기도 했고 때로는 두려움에 몸서리치기도 했다. 하지만 자신을 포기할 수 없어 각고의 노력 끝에 부와 명성을 얻으며 성공했다.

　브라이언 트레이시가 성공할 수 있었던 것은 경험을 통한 배움 덕이었다. 배움은 그가 꿈을 이루는 데 필요한 지혜를 갖도록 해주었다. 관련된 일화를 보자.

브라이언 트레이시는 영업을 시작하고 6개월 동안 실적이 없었다. 그는 프로 영업인을 찾아가 비법을 알려 달라고 간청한 끝에 비법을 전수 받았다. 그는 배운 대로 실행해 판매 실적을 올려 매니저가 되었다. 이후 그는 아프리카에서 3년 동안 머물며 이곳저곳을 여행하는 등 몸과 마음을 다졌다. 그의 생각은 더욱 깊어졌고 꿈을 향한 열망도 강렬해졌다.

　단련된 몸과 마음으로 귀국한 그는 닥치는 대로 책을 읽었다. 심리, 철학, 경제학, 경영학 등 자신의 꿈을 이루는 데 도움이 되는 책들을 읽으며 공부했다. 배움만이 자신의 꿈을 구체화시키며 힘이 되어 준다는 사실을 깨달았기 때문이다. 대학에서 주최하는 강의가 있으면 한달음에 달려가 들었다. 그는 스스로 터득하고 확립한 지식으로 성공에 이르렀다.

　이 이야기에서 보듯 브라이언 트레이시는 노숙자 생활을 하고 막노동 품팔이를 하며 가난하게 보냈지만, 열심히 노력한 끝에 크게 성공했다. 그가 성공할 수 있었던 것은 자신이 하고자 하는 일에 계획을 세워 충분히 할 수 있다고 자신을 믿고 최선을 다했기 때문이다. 다시 말해 성공할 수 있는 자세를 갖추었기 때문이다.

　어려울 때 어려운 상황을 극복하는 마음가짐에 대해 마르쿠스 아우렐리우스는 이렇게 말했다.

"어떤 일이 당신에게 어렵다고 해서 그것을 인간의 능력 밖의 일이라고 생각지 마라. 오히려 반대로 생각하라. 인간이 이룰 수 있고 인간 본성에 맞는 일이라면 당신도 반드시 해낼 수 있다고 생각하라."

마르쿠스 아우렐리우스의 말에서 보듯 어려움을 만났을 때 취해야 할 마음가짐이 어떠한지를 잘 알게 한다. 그것은 나도 반드시 해낼 수 있다는 자세로 최선을 다하는 것이다.

그렇다. 어떤 어려움 앞에서도 결코 포기하지 마라. 굳게 마음먹고 행하면 반드시 어려움을 극복하게 될 것이다.

인생에 길이 되는 충고는
감사하게 받아들여라

누구라도 내 생각이나 행동이
옳지 못하다고 지적한다면 나는 고칠 것이다.
나는 오직 진리만을 추구하기 때문이다.
진리는 아무에게도 해를 끼치지 않는다.
해를 끼치는 것은 언제나 자기만의 환상에 사로잡혀
무지한 태도를 고집하는 것이다.

명상록 38

양약고구이어병 충언역이이어행
良藥苦口於利病 忠言逆耳利於行

이는 사마천이 지은 《사기史記》의 〈유후세가留後世家〉에 나오는
말로 '좋은 약은 입에 쓰나 병을 낫게 하는 데 도움이 되고, 좋
은 말은 귀에 거슬리나 행동하는 데는 도움이 된다'는 뜻이다.
이 말이 생긴 유래이다.

진秦나라 시황제始皇帝가 죽자 진나라는 큰 소용돌이가 일었다. 그야말로 진나라는 사분오열되어 군웅할거群雄割據의 시대라 할 만 했다. 진나라를 멸망시키고 패권을 목표로 하는 초楚의 항우 項羽와 유방劉邦은 치열한 경쟁을 벌였다. 유방은 먼저 선진先陣의 공을 이룩하고 당당히 진나라 도읍지인 함양咸陽에 입성하여 진 왕秦王 자영子嬰을 항복시키고 진의 왕궁을 차지했다.

호화스러운 왕궁과 수많은 구마拘馬와 산더미처럼 쌓여있는 보물, 수를 헤아릴 수 없는 후궁과 미녀들을 보자 유방의 마음 은 들떠올랐다. 그런 유방이 염려스러워 장수인 번쾌樊噲가 말 했다.

"아직 천하가 통일된 것은 아니니, 지금부터가 더욱 중요합 니다. 한시 바삐 이곳을 떠나 적당한 곳에 진陣을 치도록 하십 시오."

그러나 유방은 그의 말을 무시했다. 그러자 책사인 장량張良이 나서서 말하기를 "진황제가 학정虐政을 베풀었기 때문에 이곳 백성의 민심을 달래고 안정시켜야 할 때입니다. 그런데 보물 과 미녀에 눈이 어두워 포악한 진왕의 잘못을 본받으려 하니 이는 악왕惡王에 다를 바가 없습니다. 원래 충언忠言이란 것은 귀 에는 거슬리지만 자신을 위해 이로운 것이며 양약良藥이란 것은 입에는 쓰나 병에는 효력이 있습니다. 부디 번쾌의 충언에 따 르도록 하십시오"라고 했다. 그러자 유방은 크게 깨닫고 왕궁을 나가 진을 쳤다고 한다. 그래서 생긴 말이 양약고구이어병 충언역이이어행良藥苦口於利病 忠言逆耳利於行이다.

이는《공자가어孔子家語》의 〈육본편六本篇〉에도 나오는데 충언이 얼마나 중요한지를 잘 알게 한다. 마르쿠스 아우렐리우스 또한 충언의 중요성에 대해 이렇게 말했다.

"잘못된 생각을 바꾸어 바로잡아 주는 충고에 따르는 것은 의지의 자유를 해치는 일이 아니다. 그런 행동은 당신 자신의 충동과 판단, 그리고 당신 자신의 사고를 거쳐 행하는 당신 자신의 것이기 때문이다."

마르쿠스 아우렐리우스의 말처럼 충언은 자신을 위한 것이기에 기꺼이 받아들이면 자신에겐 좋은 약과 같다. 충고의 유용함을 잘 알았던 그는 "누구라도 내 생각이나 행동이 옳지 못하다고 지적한다면 나는 고칠 것이다. 나는 오직 진리만을 추구하기 때문이다"라고 말했다. 참으로 현명한 생각이 아닐 수 없다.

하지만 대개의 사람들은 충언을 자신을 무시해서 하는 말로 받아들이는 경향이 있다. 그러다 보니 충언을 한 사람과 감정 싸움을 벌이곤 한다.

그러나 그런 가운데서도 충언을 받아들이는 사람은 충언으로 인해 잘못된 길로부터 벗어나 올바른 길로 감으로써 잘못됨을 막고 유방이 그랬듯이 좋은 결과를 얻게 된다.

그렇다. 누군가가 자신을 위해 충고를 하면 고마운 마음으로 받아들여라. 그러면 잘못된 길로부터 벗어나 유익함을 얻게 될 것이다.

맑은 정신으로 진정한 나를 찾아라

맑은 정신으로 되돌아가
진정한 자기 자신을 찾아보라.
잠에서 깨어나라.
당신을 괴롭히는 것들은 다만
꿈에 지나지 않는다는 것을 깨달아야 한다.
이제는 깨어 있는 눈으로
꿈에서 보았던 것처럼 현실을 보라.

명상록 39

마음을 고요하고
안정된 흐름 속으로 흘러가게 하라.

욕망에 넘어가지 말고
욕망을 지배하는 사람이 되라.

혀를 다스릴 수 있는 사람은

마음을 다스릴 수 있나니,

마음을 다스리는 사람은
행동을 또한 다스릴 수 있느니라.

행동을 다스리는 사람은
스스로를 다스릴 수 있나니,

스스로를 다스리는 사람은
또한 진실하고 영원한
깨달음의 빛으로 들어갈 수 있느니라.

이는《성자가 된 청소부》의 저자이자 침묵의 성자로 알려진 인도의 영적 스승으로 불리는 바바 하리 다스^{Baba Hari Das}의 시로 진정으로 자신을 발견하는 자세에 대해 말한다. 진정으로 자신을 안다는 것은 성찰을 통해서인데, 여기서 안다는 것은 자아自我를 발견함으로써 자신의 본질을 깨닫는 것을 말한다.

바바 하리 다스는 마음을 고요히 하여 안정 속에 흘러가게 하라고 말하는데, 이는 평온을 유지하라는 의미이다. 마음이 평온하면 순수한 마음이 깃들게 되어 나쁜 생각이나 그릇된 행동을 하지 않게 된다. 그런 까닭에 욕망에 물들지 않게 되고, 입을 함부로 놀리지 않으며, 행동 또한 바르게 하게 된다. 이렇게 자신의 마음을 조절하다 보면 스스로를 절제하게 되고 그럼으로써 진실함에 이르게 된다.

'나는 누구인가?'라는 물음은 자신의 존재에 대해 던지는 화두話頭이다. 이는 예로부터 종교에서 다루었던 중요한 문제였다. 사람들은 종교를 통해 자신의 본질과 존재에 대해 알고자 했다. 그래서 어떤 사람들은 고통을 참으며 진정한 자신을 찾으려고 수행을 했으며, 또 어떤 사람들은 순례를 하며 진정한 자신을 찾으려고 했고, 또 다른 어떤 이들은 배움을 통해 진정한 자신의 존재에 대한 답을 구하고자 했다.

이에 대해 마르쿠스 아우렐리우스는 황제이기 전에 철학자로서 이렇게 말했다.

"맑은 정신으로 되돌아가 진정한 자기 자신을 찾아보라. 잠에서 깨어나라. 당신을 괴롭히는 것들은 다만 꿈에 지나지 않는다는 것을 깨달아야 한다. 이제는 깨어 있는 눈으로 꿈에서 보았던 것처럼 현실을 보라."

마르쿠스 아우렐리우스의 말에서 보듯 그는 맑은 정신으로 자기 자신을 찾으라고 말한다. 그리고 잠에서 깨어나라고 말한다. 여기서 맑은 정신이란 '몸과 마음을 깨끗이 하여 불순한 생각이나 그릇된 마음에서 벗어난 순수한 마음'을 말한다. 그리고 잠에서 깨어나라는 말은 '자각과 내면적 성찰'을 의미한다. 인간은 이런 과정을 거칠 때 자신의 존재와 본질을 보는 눈이 밝아진다. 마치 이는 수행자의 득도得道와 같은 의미라고 하겠다.

인간은 본질적으로 깨달음의 동물이다. 이에 대해 소크라테스는 "너 자신을 알라"고 말했는데, 여기서 안다는 것은 '깨달음'을 의미한다.

그렇다. 인간은 깨달음을 통해 진정한 자신을 발견하게 된다. 그런 까닭에 극악무도極惡無道한 자도 깨달음을 통해 선인善人이 될 수 있는 것이다. 자신이 잘못된 길에 들었을 때, 자신이 무언가를 잘못하고 있다는 생각이 들 땐 스스로를 차분히 돌아보라. 그렇게 하다 보면 자신을 돌아보게 되고 잘못된 생각, 잘못된 길에서 벗어날 수 있는 길이 환하게 열리게 될 것이다.

정신적인 활력을 얻고 싶을 때

정신적인 활력을 얻고 싶을 때면
친구들의 좋은 점을 생각하라.
이 친구의 재능, 저 친구의 겸손, 그 친구의 관대함,
이렇게 수많은 장점을 생각해보라.
의욕을 잃었을 때 주위 사람들의 여러 가지
미덕은 우리에게 큰 위안을 준다.
그러므로 항상 그들을 가까이 둘 수 있도록 하라.

명상록 40

한 사람의 인생에 큰 영향을 끼치는 것으로는 크게 인적인 요소와 외적인 요소를 들 수 있다. 이 중 인적인 요소에 대해 집중적으로 논하고자 한다. 인적인 요소로는 부모, 스승, 친구 등을 꼽을 수 있다.

부모는 자신을 낳아주고, 먹이고, 입히고, 가르침으로써 한사람의 인격체로 성장하는 데 절대적인 영향을 끼치는 그야말로 소중한 혈연관계이다. 스승은 무지함을 일깨워주는 인생의 빛

과 같은 존재이며, 친구는 서로에게 위안이 되고 함께 생각을 공유하는 제2의 자신이라고 할 만큼 힘이 되는 존재이다. 특히, 자신과 소울메이트라고 할 만한 친구는 영혼의 동반자로서 인생을 살아가는 데 큰 힘이 된다.

왜 그럴까. 눈빛만 봐도 친구가 무엇을 원하고 무슨 생각을 하는지 안다는 것은 그만큼 믿고 신뢰할 수 있기 때문이다. 이런 친구는 친구를 위해서라면 그 어떤 것도 다 할 수 있는 친구이다. 진정한 친구가 무엇인지를 잘 알게 하는 이야기다.

한 귀족의 아들이 방학이 되어 시골에 놀러갔다가 수영을 하려고 호수에 뛰어들었다. 그러나 그만 발에 쥐가 나서 수영은 커녕 물에 빠져 죽을 것 같았다. 귀족 소년은 살려달라고 소리쳤다. 그 소리를 들은 한 소년이 달려왔고, 소년은 망설이지 않고 물에 뛰어들어 그를 구해주었다. 귀족 소년은 자신의 생명을 구해준 시골 소년과 친구가 되었다. 방학이 끝나고 귀족 소년은 도시로 돌아왔지만 두 사람은 계속 서로 편지를 주고받으며 우정을 키워 나갔다. 어느덧 13살이 된 시골 소년이 학교를 졸업하자 귀족 소년이 물었다.

"넌 커서 뭐가 되고 싶니?"

"의사가 되고 싶어. 하지만 우리 집은 가난하고 아이들도 아홉 명이나 있어서 일을 해야 해. 둘째 형이 런던에서 안과 의사로 일하지만 아직 내 학비를 내줄 형편은 못 돼."

귀족 소년은 생명의 은인인 시골 소년을 돕기로 결심하고 아버지를 졸라 그를 런던으로 데려왔다. 결국 그 시골 소년은 귀족 소년의 아버지로부터 후원을 받아 런던의 의과대학에 다니게 되었고 그후 포도당구균이라는 세균을 연구하여 페니실린이라는 기적의 약을 만들어냈다. 당시는 뇌막염, 폐렴과 같은 박테리아에 의한 병의 치료법이 없어서 많은 사람들이 고통을 당하고 있었는데, 그가 발견해낸 페니실린은 바로 이런 박테리아의 성장을 억제하고 파괴하는 데 강력한 효과가 있었던 것이다. 이 사람이 바로 1945년 노벨 의학상을 받은 알렉산더 플레밍Alexander Fleming이다.

한편 그의 학업을 도와준 귀족 소년은 공부에 관심이 없었다. 그 대신 군인이 되고 싶어 육군학교로 진학했고, 이후 정치가로서 뛰어난 재능을 보이며 26세의 어린 나이에 국회의원이 되었다. 그런데 제2차 세계대전이 일어났고 전쟁 중 이 젊은 정치가는 그만 폐렴에 걸려 목숨이 위태롭게 되었다. 그 무렵 폐렴은 걸리면 열에 여덟아홉은 죽게 되는 불치에 가까운 무서운 질병이었다. 이 소식을 들은 플레밍은 당장 그가 있는 전쟁터로 달려왔다. 그리고 자신이 발견한 페니실린을 사용해 만든 약으로 그의 생명을 구할 수 있었다. 이렇게 플레밍이 두 번이나 생명을 구해준 이 귀족 소년은 다름 아닌 영국의 위대한 수

상 윈스턴 처칠^{Winston Churchil}이다.

처칠과 플레밍의 이야기는 큰 감동을 주기에 부족함이 없다. 이 둘이야말로 막역지우^{莫逆之友}요, 관포지교^{管鮑之交}의 대명사라 할 만하다. 플레밍이 의사가 되도록 도움을 준 처칠 그리고 의사가 되어 처칠을 살린 플레밍, 그것도 두 번이나 처칠의 목숨을 구했으니 이런 일은 세상사에서 아주 드문 일이기에 그 의의는 매우 크다고 하겠다.

친구 사이는 아니지만 앤드류 카네기는 찰스 슈왑이라는 사람을 만남으로써 강철왕이라는 별칭이 붙을 만큼 세계적인 부호가 되었다. 그리고 일개 노동자였던 찰스 슈왑은 그의 능력을 알아본 카네기에 의해 공장장으로 발탁되었고, 훗날 US철강 사장이 되었다.

인간관계에 있어 친구 사이든 사장과 직원 사이든 서로에게 잘 맞는 사이는 서로에게는 '빛과 소금' 같은 사이이다. 그런 까닭에 서로에게 긍정적으로 작용함으로써 서로가 잘되는 것이다.

마르쿠스 아우렐리우스는 정신적으로 활력을 얻는 방법에 대해 이렇게 말했다.

"정신적인 활력을 얻고 싶을 때면 친구들의 좋은 점을 생각하라. 이 친구의 재능, 저 친구의 겸손, 그 친구의 관대함, 이렇게 수많은 장점을 생각해보라. 의욕을 잃었을 때 주위 사람들의 여러 가지 미덕은 우리에게 큰 위안을 준다. 그러므로 항상 그들을 가까이 둘 수 있도록 하라."

마르쿠스 아우렐리우스의 말에서 보듯 친구의 재능과 겸손, 관대함 등 좋은 점은 자신에게 덕이 되고, 위안이 되고, 도움이 된다는 것을 알 수 있다. 그런 까닭에 마르쿠스 아우렐리우스는 그런 친구나 좋은 사람들과 가까이 지내라고 말한다.

옳은 말이다. 좋은 친구나 주변 사람들은 자신의 인생에 빛과 같은 사람들이다. 그런 사람들과 인간관계를 잘 이어가기 위해서는 자신 또한 좋은 사람이 되어야 한다. 그랬을 때 서로에게 힘이 되는 소울메이트로서의 관계를 지속해 나갈 수 있는 것이다.

어지러운 세상에서 평온한 삶을 사는 법

미래의 일로 마음을 어지럽히지 마라

미래의 일로 마음을 어지럽히지 마라.
당신이 그런 일을 맞을 수밖에 없다면
눈앞에 닥친 일을 처리하는 무기인
이성을 가지고
미래의 일에 맞서면 된다.

명상록 41

마르쿠스 아우렐리우스는 "미래의 일로 마음을 어지럽히지 말라"고 말했다. 즉, 아직 오지 않은 미래 때문에 걱정하지 말라는 말이다. 그리고 이어 말하기를 "눈앞에 닥친 일을 처리하는 무기인 이성을 가지고 미래의 일에 맞서면 된다"고 했다. 여기서 그가 말하는 이성이란 여러 의미가 내포되어 있다.

첫째는 마음을 굳게 하여 쓸데없는 걱정으로부터 벗어나야 함을 뜻하고, 둘째는 걱정할 시간에 미래를 대비하며 하루하루를 열심히 살면 된다는 것을 뜻하고, 셋째는 자신이 하는 일이 힘들어도 끝까지 잘해 나갈 수 있도록 마음을 단단히 잡아주는 인내와 끈기를 뜻한다고 하겠다.

그런데 아직 오지 않은 미래를 걱정하며 사는 사람들을 종종 볼 수 있다. 미래의 일은 그 누구도 모른다. 그런데 미래를 걱정하며 산다는 것은 쓸데없는 기우杞憂와 같다.

미래를 걱정할 시간이 있다면 그 시간에 미래를 위해 자신이 하고자 하는 일에 시간을 투자하면 된다. 시간은 시간을 잘 쓰는 자를 좋아하고, 그런 자에게 밝은 미래를 보장해준다.

동서고금을 막론하고 성공적인 인생을 살았거나 살고 있는 사람들 중엔 어느 누구도 미래를 걱정함으로써 잘된 이는 없다. 하지만 미래를 위해 열심히 노력했기에 인생을 잘 살았으며 살고 있는 것이다.

이에 대해 고대 로마의 시인이었던 퀸투스 호라티우스 플라쿠스Quintus Horatius Flaccus는 이렇게 말했다.

"미래가 어떻게 될지 묻지 말고, 하루가 가져다주는 것을 선물로 받아들여라."

호라티우스의 말에서 보듯 미래에 대해 염려하지 말고 하루가 가져다주는 것을 선물로 받아들이라고 했다. 이는 무엇을 의미하는가. 이에 대해 그는 이렇게 말했다.

"그날그날이 너에게 최후의 날이라고 생각하라. 그렇게 하면 뜻하지 않은 오늘을 얻어 기쁨을 갖게 될 것이다."

호라티우스의 말처럼 미래를 염려하지 말고 그날그날 최선을 다해 살면 된다. 그러면 최선을 다한 하루하루가 쌓여 기쁨을 얻게 되고 자신이 바라는 삶을 살아가게 된다.

호라티우스의 말처럼 하루가 가져다주는 것을 선물로 받아들이며 하루하루를 즐기면서 미래를 향해 나간 끝에 성공 스토리를 쓴 영국 버진 그룹의 CEO인 리처드 브랜슨Richard Branson. 그는 자유 분망하고, 파격적이며, 저돌적이면서 모험심이 강한 성격의 소유자이다. 또 한편으로는 상상력이 뛰어나고 일을 마치 즐거운 게임처럼 하는 낙천적인 면도 많다. 한마디로 그를 평가한다면 입체적인 마인드를 가진 멀티 형 인간이라고 할 수 있다.

브랜슨은 어린 시절부터 자신이 하고 싶은 일은 망설이지 않고 즉시 시행할 정도로 적극성을 띠었다. 그는 열다섯 살 때 친구인 조니 젬스와 함께 학생을 대상으로 한 잡지 〈스튜던트〉를 창간했다. 브랜슨은 취재의 대상을 선별하고 수백 명의 유명인사들에게 편지와 전화로 인터뷰를 시도했다. 그의 열정에 감동한 장 폴 사르트르, 볼드윈, 앨리스 워커를 비롯한 유명인들이 취재에 응함으로써 잡지의 공신력을 높였다.

그는 새로운 일을 모색하던 중 옥스퍼드에 버진 음반가게를 차렸다. 그는 매장 인테리어를 학생들이 좋아할 수 있도록 꾸몄는데 학생들의 반응은 뜨거웠다. 그러자 그는 잇따라 주요 도시에 버진 음반가게를 열었고 음반 판매 수입은 날로 증가했다. 그 후 버진애틀랜틱 항공사를 설립하여 자리를 잡자, 그는 유럽의 저가 항공사인 버진익스프레스와 호주의 저가 항공사인 버진블루, 나이지리아의 버진나이지리아 항공, 미국의 저가 항공사인 버진아메리카를 설립했다.

현재 버진 그룹은 30여 개 국가에 200여 개의 미디어, 모바일, 인터넷, 음료, 호텔, 레저, 여행, 라디오, 우주산업 등 다양한 분야에서 열정적으로 사업을 경영하고 있다. 그뿐만 아니라 그는 열기구를 타고 태평양과 대서양 횡단에 성공했으며, 시시때때로 세계일주 여행을 하는가 하면 비행기 무착륙 세계 일주비행을 하는 등 모험가로서의 삶을 즐기는 활달함으로 사람들에게 무엇이든 할 수 있다는 도전정신을 불러일으키고 있다.

또한 그는 지구온난화에 따른 환경문제에 적극 가담하여 엘고어 전 미국 부통령을 비롯한 세계 환경운동가들과 적극 활동을 벌이고 아프리카대륙을 비롯한 제3세계 국가의 가난한 이들을 위해 의료품과 식량 및 구호물자를 후원하는 데도 적극 가담하여 기업가로서의 사회적 책무를 다하고 있다.

리처드 브랜슨은 자신의 미래에 대해 한 번도 걱정하거나 두려워하지 않았다. 그는 자신이 하고자 하는 일을 게임처럼 즐기면서 하되, 그 일에 매진했다. 그리고 자신이 바라는 상상을 현실로 이뤄냈다. 다음은 일에 대한 그의 철학을 잘 알게 하는 말이다.

"내게는 비법 같은 것은 없다. 사업을 할 때 꼭 지켜야 할 규칙도 없다. 단지 열심히 일하고, 무언가를 할 땐 항상 잘할 수 있다고 믿는다. 그러나 무엇보다 즐기려고 노력한다."

리처드 브랜슨의 말에서 보듯 그는 단지 열심히 일하고, 무언가를 할 땐 항상 잘할 수 있다고 믿었다. 또한 무엇보다 즐기려고 노력했다는 걸 알 수 있다. 그의 성공 비결은 자신이 하는 일을 즐기면서 매진했던 것이다.

리처드 브랜슨이 지향했던 삶은 미래의 일로 마음을 어지럽히지 말고, 눈앞에 닥친 일을 처리하는 무기인 이성을 가지고 미래의 일에 맞서면 된다고 했던 마르쿠스 아우렐리우스의 말과 일맥상통한다고 할 수 있다. 그런 까닭에 쓸데없이 마음을 어지럽히지 말고 지금을 열심히 잘 살아간다면 밝은 미래가 반갑게 맞아줄 것이다.

지금 이 순간 자신을 한번 생각해보라. 나는 미래를 위해 무

엇을 하고 있는지를. 만일 미래가 걱정스럽다면 쓸데없는 걱정
을 마음으로부터 떼어내 버려라. 그리고 자신이 원하는 바를
향해 힘껏 나아가라. 그것이야말로 자신의 미래를 위한 최선의
방법이기 때문이다.

어지러운 세상에서 평온한 삶을 사는 법

CHAPTER 5

주변에 휘둘리지 말고
자신의 본분을 다하라

모든 환상은 버려라.
욕망의 꼭두각시는 되지 마라.
현재에 충실하라.

Marcus Aurelius

도움을 받아서라도 곧게 일어서라

곧게 일어서라.
남의 도움을
받아서라도 곧게 서야 한다.

명상록 42

마르쿠스 아우렐리우스는 삶의 자세에 대해 이렇게 말했다.

"곧게 일어서라. 남의 도움을 받아서라도 곧게 서야 한다."

마르쿠스 아우렐리우스가 말하는 '곧다'는 것은 비뚤어지거나 비딱하지 않고 '반듯하다'는 것을 의미한다. 그리고 혼자 곧게 설 수 없다면 남의 도움을 받아서라도 곧게 일어서라고 말한다.

그는 왜 이처럼 곧게 서야 한다고 말했던 것일까. 그것이야말로 사람의 참된 자세이며 바른 삶이기 때문이다. 그렇지 않고 제멋대로 비딱하게 살거나 비뚤어지게 산다면 그것은 그릇된 자세이며 그릇된 삶인 까닭이다.

한나라를 세운 한고조 유방은 한때 건달이었다. 그런데 시골 출신이자 무식쟁이인 그가 한나라 건국의 3걸로 불리는 지략가 장량과 소하, 명장 한신 등 뛰어난 사람들을 곁에 둠으로써 한나라를 세워 자신의 뜻을 이룬 걸로 유명하다. 특히 책사인 장량은 유방에게 있어서는 스승과 같았다. 유방이 잘못된 말을 하거나 행동을 하면 간언諫言하기를 주저치 않았다. 그의 말은 한 치도 어긋남이 없었다. 유방은 다른 사람들은 몰라도 장량의 말이라면 거부한 적이 없었다. 그랬기에 그는 몸과 마음을 곧게 하여 황제로서 품격을 갖출 수 있었다.

조선 제11대 임금인 중종 때 공조판서를 지냈을 뿐만 아니라 서화에도 뛰어나 크게 주목받은 유진동이란 이가 있었다. 그는 일찍이 부모를 여의고, 공부도 하지 못한 채 건달들과 어울려 도둑질을 일삼고, 힘자랑을 하며 손가락질 받는 일을 서슴지 않았다. 그런데 그런 그를 유심히 눈여겨보던 이가 있었다. 그는 중종 때 호조판서를 지낸 이자견이다.

어느 날 그는 자신의 누나에게 말했다.

"누님, 제가 소개하는 사람과 혼인을 하심이 어떻겠는지요? 지금은 비록 보잘것없지만 장차 큰 인물이 될 사람입니다."

"그래? 네 뜻이 그렇다면 그 사람과 혼인할게."

이자견이 비록 동생이지만, 그의 누나는 평소 그를 믿고 그의 말을 잘 따라주었다. 그녀는 동생의 말에 유진동과 혼인했다. 유진동은 결혼을 해서도 별로 달라지지 않았다. 하지만 이자견은 때가 오기를 묵묵히 기다렸다.

그러던 어느 날이었다. 말을 타고 사냥을 나갔던 유진동이 그만 말에서 떨어지고 말았다. 그는 그날로부터 바깥 출입을 삼가고 책을 읽고 글을 쓰는 등 학문에 정진했다. 그리고 마침내 과거에 급제하여 벼슬길에 올랐다.

이자견의 사람 보는 눈은 정확했다. 유진동은 건달인 자신을 이끌어줌으로써 인생을 변화시킨 처남 이자견을 인생의 스승처럼 존경했다.

유방과 유진동의 경우에서 보듯 이들이 시대와 사는 곳은 달랐지만 분명한 공통점이 있다는 걸 알 수 있다. 유방에게는 장량이라는 걸출한 신하가 있었으며, 유진동에게는 그를 바르게 이끌어준 이자견이라는 처남이 있었다. 그랬기에 한때 삐딱한 삶을 살던 이들이 곧게 설 수 있었다.

주변에 휘둘리지 말고 자신의 본분을 다하라

그렇다. 어떤 사람은 스스로 곧게 서는 길을 택해 노력함으로써 마침내 자신을 올곧게 세워 원하는 삶을 살아간다. 사실 이렇게 한다는 것은 수행하듯 절제를 필요로 한다. 그래야 순간순간 자신을 방해하는 것들로부터 자신을 지킬 수 있는 까닭이다. 하지만 혼자 그렇게 할 수 없다면 남의 도움, 즉 가르침을 받아서라도 곧게 설 수 있도록 해야 한다. 그렇게 할 때 자신을 곧게 서게 함으로써 바른 길을 갈 수 있기 때문이다.

주변에 휘둘리지 말고 자신의 본분을 다하라

누가 무슨 말을 하든,
무슨 짓을 하든
나의 본분은
자신을 선하게 지키는 것이다.

명상록 43

본분本分이란 '사람이 저마다 지니는 본디의 신분'을 말한다. 그러니까 교사에게는 교사의 본분이 있고, 문학가는 문학가의 본분이 있고, 의사는 의사의 본분이 있고, 공무원은 공무원으로서의 본분이 있다.

이렇듯 사람은 저마다 자신만의 본분이 있다. 그런데 이 본분을 망각하고 가볍게 행동하거나 본분을 다하지 못하면 문제가 따르게 된다. 본분을 다하지 못한 까닭에 잘못된 길을 가게 되고, 책임지는 일이 생김으로써 그에 대한 대가를 치르게 된다.

읍참마속泣斬馬謖이란 말이 있다. '공정한 법 집행과 대의를 위해서는 사사로운 정을 버려야 함'을 일러 하는 말이다. 이 말에는 다음과 같은 이야기가 담겨 있다.

건흥 6년(228년) 제갈량은 군사를 이끌고 위魏나라를 공격했다. 위나라를 공격하기 위해 한중을 나와 장안을 향해 진격했였다. 한중에서 기산을 향해 우회하면서 천수, 안정, 남안 등 3개 군을 공략하고, 기산에 도착한 다음 장안으로 진격하는 전략이었다. 이때 위연은 자오곡을 가로질러 곧바로 장안을 기습하자고 했지만, 제갈량은 이를 받아들이지 않았다. 국력을 총동원한 이 전투에서 성공하면 좋겠으나 만일 패하기라도 하면 국력이 약화될 만큼 큰 타격을 입기 때문이었다.

제갈량은 전략상 요충지인 가정을 지킬 장수로 마속을 보내면서 가정의 길목을 잘 막으라고 명했다. 그러나 마속은 적을 끌어들여 역습을 하려다 참패하고 말았다. 그로 인해 제갈량은 퇴각을 해야만 했다. 진노한 제갈량은 마속을 옥에 가뒀다. 마속은 자신의 죄를 뉘우치는 글을 올렸다.

'승상께서는 저를 자식처럼 거둬주셨고, 저는 승상을 아버지처럼 대했습니다. 곤鯀을 죽이고 우禹를 흥하게 한 뜻을 깊이 생각하시어 평생의 사귐이 이 때문에 무너지지 않도록 하시면 저는 비록 죽지만 황천에서도 여한이 없을 것입니다.'

지금은 아우렐리우스를 읽어야 할 때

제갈량은 마속에게 자신이 한 행동에 대해 엄히 물었고 마속은 자신의 잘못을 인정했다. 이에 제갈량은 공명정대公明正大한 군율을 위해 마속을 참하라 명했고 마속은 처형을 당했다.

그 일이 있은 후 장졸들은 제갈량의 엄격함에 게으름을 피우는 일이 없었고, 맡은 일에 책임을 다하는 자세를 갖추었다. 결과적으로 촉나라는 제갈량의 엄격함으로 더욱 강성해졌다.

여기서 중요한 사실을 알 수 있다. 본분을 다하지 못함으로써 책임질 일이 있으면 엄격히 책임을 져야 한다는 것이다. 마속은 군사의 명령을 어기고 자신의 신분을 망각함으로써 그에 대한 대가를 치렀던 것이다.

"누가 무슨 말을 하든, 무슨 짓을 하든 나의 본분은 자신을 선善하게 지키는 것이다."

이는 마르쿠스 아우렐리우스가 한 말로, 자신의 본분은 자신을 '선'하게 지키는 거라고 말한다. 선은 그에게 있어 본분이자 최선의 삶의 목적인 것이다. 그는 자신의 말처럼 로마 제국의 황제라는 무소불위의 권력을 가졌지만, 선한 마음과 자세로 국가를 통치하여 많은 사람들로부터 존경을 받았다.

마르쿠스 아우렐리우스에게 선이 본분이듯 사람은 저마다의 본분이 있다. 그런 까닭에 자신의 본분을 다할 책임이 있다. 그래서 그 본분을 다하지 못했을 땐 그에 대한 책임을 져야 한다.

그렇다. 자신의 본분을 망각하는 일이 없어야 한다. 그것이야 말로 자신의 본분에 대한 책임을 다하는 것이기 때문이다.

변화 없이는 어떤 일도 일어나지 않는다

우리는 변화를 두려워한다.
그러나 변화 없이
어떤 일이 일어날 수 있을까?

명상록 44

상전벽해桑田碧海라는 말이 있다. 이는 뽕나무밭이 변하여 푸른 바다가 되었다는 뜻으로, 세상이 몰라보게 놀랍도록 바뀐 것을 비유하는 말이다.

이는 중국 동진東晉시대의 이름난 의약학자이자 도가인 갈홍葛洪의 〈신선전神仙傳〉에 나오는 말로, 동해가 여러 번 뽕나무밭으로 변했다는 마고麻姑(중국의 옛적 선녀)의 말에서 유래되었다.

뽕나무밭이 바다로 변했다는 것은 '변화'를 의미한다. 그것도 세상이 놀랄 만한 변화를 일컫는다. 이는 곧 변화 없이는 절대로 그 무엇도 될 수 없기에 변화란 매우 중요하다는 의미를 지니는 것이다. 생각해보라. 뽕나무밭이 저절로 바다가 된다는 것은 있을 수 없는 일이 아닌가. 천지개벽이라도 하면 모를까. 여기서 천지개벽이 의미하는 것 또한 변화, 그것도 아주 큰 변화를 뜻한다고 하겠다.

사람이든 사회든 국가든 지금보다 나은 상황으로 이끌려면 '변화' 없이는 절대로 이룰 수 없다. 다음은 변화가 삶에 미치는 영향이 얼마나 지대한지를 잘 알게 하는 이야기다.

상상력으로 세상을 변화시킨 21세기의 대표적 CEO인 스티브 잡스Steve Jobs. 그가 2011년 타계했을 때 전 세계인들은 그의 죽음을 애도하며 그의 평생 공적을 높이 평가했다. 세계 어떤 정치 지도자도 그처럼 세계인들의 추모를 받은 적이 없었다. 물론 대중성이 높은 로큰롤의 제왕 엘비스 프레슬리나 마이클 잭슨이 타계했을 때에는 전 세계에서 팬들의 추모 열기가 뜨거웠던 적은 있다.

그런데 정치 지도자도 아니고 대중성 높은 가수도 아닌 기업인에게 그처럼 추모의 열기가 뜨거웠다는 것은 이례적인 일이 아닐 수 없다. 참으로 놀라운 일이다. 아마 두 번 다시 그런 일은 없을 듯하다.

역사상 기업인으로서는 최고의 존경과 찬사를 한몸에 받았던 스티브 잡스는 그가 태어나기 이전의 세상과 그가 태어난 이후의 세상을 완벽하게 변화시킴으로써 한 사람의 위대한 창의력이 얼마나 큰 힘을 발휘할 수 있는지를 극명하게 증명해 보인 탁월한 상상력의 실천가이자 완성자이다.

스티브 잡스처럼 짧은 생애에 세상을 새롭게 변화시킨 인물도 드물다. 물론 시대마다 자신의 족적을 뚜렷이 남긴 인물들이 있다. 20세기 최고의 물리학자 아인슈타인, 발명의 귀재 토머스 에디슨, 전화기를 발명한 그레이엄 벨, 피뢰침을 발명한 벤저민 프랭클린, 다이너마이트를 발명한 노벨 등 이름만 들어도 '아, 그 사람!' 할 정도로 업적을 남긴 사람들도 많다.

하지만 문명의 최첨단을 걷고 있는 현대인들에게 컴퓨터, 스마트폰, MP3 등과 같은 만족감을 주지는 못했다. 앞선 과학자들이나 발명가들은 개인이 아닌 공동적인 이기를 제공했다면 스티브 잡스는 개개인이 소지할 수 있고, 개개인이 원하는 것을 충족시켰다는 것에 있어 그 의미는 사뭇 다르다.

스티브 잡스는 뛰어난 직관력과 상상력을 갖췄을 뿐만 아니라 지는 것을 몹시 수치스럽게 생각할 정도로 강한 의지를 지닌 긍정적인 인물이었다. 그러나 때론 그의 이러한 성격이 저돌적이고 독선적으로 비춰져 비난을 받기도 했다.

하지만 저돌적인 그의 성격은 그가 하고 싶은 것을 추진하는 데 있어 도전적이고 강한 실천력을 발휘할 수 있게 해주었다.

그는 자기 확신이 강해 한 번 결심한 것은 끝까지 밀어 붙였다.

스티브 잡스는 1981년 '매킨토시Macintosh 프로젝트'를 주관하며 큰 꿈에 부풀어 있었다. 그는 성공할 수 있다는 확신에 열정을 바쳐 프로젝트를 진행했지만, 경영 상태가 악화되어 어려움을 겪었다. 이때 그는 펩시콜라 사장인 존 스컬리를 사장으로 영입하기로 결심하고 그에게 경영을 맡아달라고 했다. 당시 존 스컬리는 펩시콜라의 성장을 극대화시키며 부러울 것이 없는 사람이었다.

그런데 그런 그에게 경영이 어려운 애플 사장을 맡아달라고 했으니 이는 상식에 없는 이야기다. 존 스컬리는 난색을 표했지만 스티브 잡스는 자신과 같이 세상을 바꾸자고 말했다. 존 스컬리는 세상을 바꾸자는 그의 말에 부러울 것 없는 자리를 내려놓고 애플의 사장이 되었다.

이처럼 스티브 잡스는 자신이 마음을 굳히면 어떻게든 자신의 뜻대로 실현시키고야 말았다. 그 후에도 스티브 잡스는 승부사의 기질을 발휘하여 벼랑 끝에서도 자신이 생각한 대로 실현시키는 놀라운 결과를 이뤄냈다.

1984년 매킨토시를 출시했으나 생각과는 달리 크게 실패했다. 애플은 경영에 큰 어려움을 겪게 되자 스티브 잡스를 추방했다. 하지만 그는 좌절하지 않았다. 그에겐 실패는 있어도 좌절은 없었다. 그는 언제나 현재 진행형이었다. 그는 컴퓨터 회사 넥스트를 창업하고, 애니메이션 업체인 픽사를 인수하여 재기를 꿈꾸었다. 그는 애니메이션 〈토이 스토리〉를 성공시키며 재기의 발판을 마련했다. 그는 전혀 다른 새로운 분야에서도 자신의 존재감을 확실하게 각인시켰다. 그 후 애플의 제의로 넥스트사를 애플에 매각하고 CEO로 영입되었다.

애플의 경영을 다시 맡은 스티브 잡스는 예전의 그가 아니었다. 그는 총체적인 어려움을 돌파하기 위해 그동안 머리에 입력해 놓았던 상상의 씨앗을 하나씩 하나씩 풀어놓기 시작했다.

1998년 그의 탁월한 상상력과 직관력으로 '아이맥(iMac)'을 출시하여 성공을 거두며 자신의 존재감을 만천하에 확인시켰다. 그리고 이후 '아이팟(iPod)'을, 2003년에는 '아이튠즈 뮤직 스토어'를 출시하여 센세이션을 불러일으켰다. 2007년엔 '아이폰(iPhone)'을 출시하여 아이팟 누적대수 1억 대를 돌파하는 기염을 토하며 사람들을 놀라게 했다.

또한 2010년에는 '아이패드(iPad)'를 출시하여 폭발적으로 판매고를 올렸다. 그리고 이듬해인 2011년엔 '아이패드(iPad)2'를 출시하며 대성공을 거두었다. 그는 그동안 자신이 꿈꿔왔던 것을 하나씩 성공시키며 애플을 세계 최고의 기업으로 성장시켰던 것이다.

스티브 잡스는 늘 새로움을 추구했다. 다른 회사의 것과는 다른 애플만의 것을 추구했던 것이다. 그의 머리에는 언제나 창

주변에 휘둘리지 말고 자신의 본분을 다하라

의적인 생각으로 넘쳐났다. 그가 늘 새로움을 추구한 것은 그 것만이 새로운 세상으로 변화시킬 수 있다고 믿었던 것이다. 이에 대한 그의 말을 보자.

"우리는 우리가 상상한 것에 모든 것을 걸었다. 다른 곳과 똑같은 것을 만들 바에는 우리들이 상상한 것에 모든 것을 걸고 싶다. 누구나 만들 수 있는 제품은 다른 회사가 만들면 된다. 우리에게는 다음엔 어떤 상상을 하고 나아가느냐가 중요하다."

스티브 잡스의 말엔 그가 얼마나 남과 다른 것을 원하는지 잘 알 수 있다. 그렇다. 남들과 똑같거나 비슷해서는 안 된다. 그것은 혁신이 아니라 구태의연한 것이라 전혀 새롭지 않다는 게 그의 생각이다.

그는 실패의 쓴 잔도 마셨고, 사람들로부터 수도 없이 독선적이라고 비난을 받았다. 그리고 경영 악화로 풍전등화와 같은 상황에서 전전긍긍하며 가슴을 태우기도 했다. 그러나 그는 쓰러지지 않았다. 그리고 마침내 자신을 쫓아낸 애플에서 재기하며 21세기 최고의 경영인이 되었다.

애플은 스티브 잡스로 인해 그야말로 상전벽해와 같은 놀라운 변화를 이룰 수 있었다. 이는 비단 애플만의 일이 아니다. 스타벅스의 CEO 하워드 슐츠도 그러했고, 100년 만에 코카콜라를 추월해 탁월한 능력을 보여주었던 펩시 콜라의 CEO 인드라 누이도 그러했다. 세상에는 변화를 통해 크게 성공한 이들이 세계 도처에 분야를 떠나 무수히 많다.

그런데 사람들 중엔 해보지도 않고 안 될 거라는 생각부터 먼저 하는 사람들이 있는가 하면, 시도하기만 하면 충분히 좋은 결과가 있음에도 게으르고 자신감이 부족해서 못하는 사람들이 있다. 이 모두는 변화를 두려워하기 때문이다.

마르쿠스 아우렐리우스는 변화에 대해 이렇게 말했다.

"우리는 변화를 두려워한다. 그러나 변화 없이 어떤 일이 일어날 수 있을까?"

마르쿠스 아우렐리우스가 이처럼 말했던 것은, 그 오래전에도 변화는 매우 중요한 삶의 문제였다는 것을 알 수 있다. 이처럼 변화는 시대를 초월하는 삶의 '화두'였던 것이다.

지금 시대는 그야말로 최첨단의 길을 걷고 있다. 하지만 아니러니하게도 많은 사람들이 변화를 따르지 못하는 것 같다. 안주安住에만 급급해하기 때문이다. 변화의 적은 안주이다. 자신이 지금보다 나은 삶을 추구하고 싶다면 변화를 두려워하지 말고 적극 변화를 리드해야 한다. 변화를 따를 때와 따르지 못할

때 일어나는 현상에 대해 미국의 기업인 레이 노다는 이렇게
말했다.

"변화를 유도하면 리더가 되고 변화를 받아들이면 생존자가
되지만, 변화를 거부하면 죽음을 맞게 될 뿐이다."

레이 노다의 말에서 보듯 삶에 있어 변화가 얼마나 중요한지
를 잘 알게 한다. 변화는 새로운 나로 살게 하는 가장 확실한 삶
의 요소인 것이다.

다른 사람의 일에 신경 쓰지 마라

공익을 위해서가 아닌 이상
다른 사람의 일에 신경 쓰느라 여생을 낭비하지 말라.
그 사람은 왜 그런 일을 하는 것인가,
무엇을 생각하고 무슨 말을 하고 있는가,
무엇을 계획하고 있는가 등 온갖 잡념으로
이성을 어지럽히게 되면
정작 다른 중요한 일을 할 수 있는 기회를 잃게 된다.

명상록 45

요즘 우리 사회는 자신과 상관없는 사람들에 대한 지나친 관심으로 인해 많은 문제점이 야기되고 있다. 이런 현상이 남녀노소 할 것 없이 사회 전반적인 현상으로 대두된 것은 급속한 SNS의 발달에 따른 부작용의 결과라고 할 수 있다. 페이스북, 인스타그램 등에 자신의 신상을 표출시킴은 물론 홍보 등에도 아주 적극적이다.

이처럼 사회와 소통할 수 있는 길이 다양하게 열려 있다 보니, 순기능보다는 역기능이 점점 심화되고 있다. 무엇보다 심각한 것은 남의 사생활에 대해 이렇다 저렇다 비난하고 간섭하는 등 해서는 안 되는 일들을 너무도 쉽게 한다는 데 있다. 그러다 보니 비난과 관심의 대상자는 아무 잘못도 없이 신상이 노출되고, 그로 인해 일상생활에 많은 제약을 받고 있다.

이런 일련의 행위는 상황에 따라 불법적인 일로 간주되어 법의 심판을 받는 등 제약이 따르는 일이건만, 분별없이 자행恣行되는 일을 멈추지 않는다. 이런 현상에 대해 마르쿠스 아우렐리우스는 다음과 같이 말했다.

"공익을 위해서가 아닌 이상 다른 사람의 일에 신경 쓰느라 여생을 낭비하지 말라. 그 사람은 왜 그런 일을 하는 것인가, 무엇을 생각하고 무슨 말을 하고 있는가, 무엇을 계획하고 있는가 등 온갖 잡념으로 이성을 어지럽히게 되면 정작 다른 중요한 일을 할 수 있는 기회를 잃게 된다. 따라서 뚜렷한 목적도 없이 괜한 호기심이나 심술에서 비롯된 해가 되는 생각을 지워버려야 한다. 항상 마음을 깨끗이 해서 누군가가 '지금 당신은 무슨 생각을 하는가?'라고 갑자기 묻더라도 주저 없이 솔직하게 대답할 수 있도록 하라."

지금으로부터 1850여 년 전 마르쿠스 아우렐리우스가 이처럼 말했다는 것은 선각자先覺者로서의 혜안이 밝은 까닭이다. 마치 오늘날 일어날 일을 예견이라도 한 것 같은 그의 말은 놀라울 뿐이다.

마르쿠스 아우렐리우스의 말의 핵심은 공익을 위해서가 아닌 이상 다른 사람의 일에 신경 쓰느라 여생을 낭비하지 말라는 것이다. 이런 일에 관심을 두다 보면 이성을 어지럽히게 되고 정작 다른 중요한 일을 할 수 있는 기회를 잃게 된다는 것이다. 이어 그는 자신이 바른 일을 하고 있다면 어떤 상황에 있더라도 다른 일에 마음 쓰지 말라고 일갈한다.

"올바른 일을 하고 있을 때에는 추위에 떨든 불가에 있든 졸려서 늘어지든 푹 자서 상쾌하든 비난을 받든 칭찬을 받든 죽음의 순간에 있든 다른 일을 하고 있든 마음 쓰지 마라. 죽음조차도 삶의 한 과정이다. 그러니 현재 눈앞에 닥친 일을 잘 처리하면 그것으로 충분하다."

마르쿠스 아우렐리우스의 말은 깊이 새겨들어야 한다. 그래야 어떤 상황에서도 바른 마음과 몸가짐으로 자신이 추구하는 일을 잘 해나가게 된다.

그렇다. 세상은 넓고 할 일은 많다. 자신이 하는 일에나 집중하라. 그것이 자신에게도 이롭고 사회에도 다른 사람에게도 생산적인 일인 것이다.

그렇다면 남의 일에 쓸데없이 관심을 갖는 마음은 왜 생기는 걸까. 그것은 마음이 단단히 여물지 못했기 때문이다. 마음이 단단히 여문 사람은 그 어떤 일에도 마음을 빼앗기지 않는다. 그것은 자신이 알지 못함에 대해 잘 아는 까닭이다. 그런데 마음이 여물지 못한 사람은 자신이 알지 못함에 대해 잘 모른다. 그런 까닭에 생각 없이 말하고 행동함으로써 자신에게도 남에게도 부정적인 영향을 끼치는 것이다.

이에 대해 노자老子는 다음과 같이 말했다.

"자신이 알지 못함을 아는 사람이 가장 현명한 사람이다."

노자의 말에서 보듯 자신이 알지 못함을 알기 위해서는 현실을 직시하고, 자신의 부족함을 채울 수 있도록 배움에 힘쓰고 몸과 마음을 닦아 단단히 여물게 해야 한다. 그렇게 될 때 그 어떤 일에도 중심을 지키게 되며 쓸데없이 남의 일에 기웃거리지 않게 됨을 명심 또 명심해야 할 것이다.

오직 인간만이 할 수 있는 일

잘못을 저지르거나
바른 길에서 벗어난 사람까지도
사랑하는 것은
오직 인간만이
할 수 있는 일이다.

명상록 46

사람은 누구나 잘못을 저지를 수 있다. 단순한 실수일 수도 있고, 의도적이고 계획적일 수도 있다. 단순한 실수는 흔히 누구나 한다. 하지만 의도적이고 계획적인 잘못은 용서받을 수 없는 범죄 행위와 같다.

그런데 이런 경우에도 진심으로 잘못을 뉘우치고 용서를 빌면 아량을 베풀 수 있게 된다. 물론 쉽지는 않다. 하지만 진심을 받아들 수 있는 도량만 갖추면 충분히 가능하다.

왜 그럴까. 용서는 또 다른 사랑인 것이다. 사랑은 모든 것을 감싸줄 수 있는 넉넉한 품이며 그릇이기 때문이다.

예수 그리스도는 용서에 대해 이렇게 말했다.

"그때에 베드로가 나아와 이르되 주여 형제가 내게 죄를 범하면 몇 번이나 용서하여 주리이까. 일곱 번까지 하오리이까. 예수께서 이르시되 네게 이르노니 일곱 번뿐 아니라 일곱 번을 일흔 번까지라도 할지니라."

이는 신약성경 마태복음(18장 21~22절)에 나오는 말씀으로, 진정한 용서란 무엇인지를 잘 보여준다. 물론 이렇게 한다는 것은 성인군자聖人君子가 아닌 이상 힘든 일임에는 틀림없다. 다음은 진정한 용서란 무엇인지에 대해 잘 알게 하는 이야기다.

남아프리카공화국 최초의 흑인 대통령이자 인권운동가인 넬슨 만델라Nelson Mandela. 그는 1962년 8월5일 반역죄로 체포되었으며, 1964년에는 종신형을 선고받았다. 만델라는 감옥에 갇혀 고통의 세월을 보내면서도 조국의 민주주의와 흑인들의 인권을 회복시키고자 하는 열망을 버리지 못했다. 그는 오랜 수형생활로 병들어 만신창이가 되었다. 그리고 급기야는 결핵 증세가 나타나 입원치료를 받았다. 그 일로 흑인들에 대한 극심한 인종차별이 전 세계에 널리 알려지게 되었고, 국제 사회는 만델라의 투쟁을 하나의 위대한 성과로 인정하고, 그의 석방을 위해 남아프리카공화국 정부를 압박했다. 그로 인해 남아프리카공화국 정부는 1990년 그를 석방했다. 그는 무려 27년이라는 긴 감옥생활 끝에 석방될 수 있었다.

그가 27년 동안 감옥에 갇히면서까지 추구했던 것은 무엇이었을까. 1948년 이후 집권 국민당의 아파르트헤이트 정책(흑인에 대한 인종차별 정책)에 대항해 투쟁을 벌였기 때문이다. 남아프리카에서 흑인으로 산다는 것은 비참함 그 자체였다. 흑인 아이는 일반적으로 흑인 전용 병원에서 태어나 흑인 전용 버스만 타고, 흑인 전용 학교에만 다녀야 하고, 흑인 거주 지역에서만 살아야 했다. 또한 흑인은 밤낮을 가리지 않고 수시로 통행증을 제시해야만 했으며, 통행증을 제시하지 못하면 경찰서에 연행되었다.

만델라는 같은 흑인들이 백인에게 천시와 박해를 받는 것을 도저히 묵과할 수 없었다. 똑같은 인간인데 어째서 백인에게는 인간답게 살 권리와 의무가 주어지고, 흑인은 노예가 되어야 하고 백인들을 위해 짐승처럼 일하고 짐승 같은 취급을 받아야 하는지에 분개했다. 그는 이를 바로잡기 위해 1942년 아프리카민족회의African National Congress에 참여했고, 흑인해방운동의 지도자로 부각되었다. 그리고 목숨을 걸고 백인 정부에 대항했으며 그로 인해 27년간 영어囹圄의 몸이 되었던 것이다.

석방된 만델라는 아프리카민족회의 부의장으로 선출되었고, 동료인 올리버 탐보의 뒤를 이어 의장에 선출되었다. 그는 데 클레르크 총리와의 평화적이고 자주적인 협력관계를 통해 남아프리카공화국을 평온하고 자유로운 사회로 만든 공로로 (1993년 데 클레르크 총리와 공동으로) 노벨평화상을 수상했다. 그리고 이듬해 실시한 대통령 선거에서 투표인 65%라는 압도적인 지지로 남아프리카공화국 최초의 흑인 대통령으로 당선되었다. 만델라는 대통령이 되고 나서 이렇게 말했다.

"우리는 용서할 수는 있지만 잊어버릴 수는 없습니다."

그는 '진실과 화해 위원회'를 만들었다. '진실과 화해 위원회'는 샤프빌 학살사건(1960년 3월 21일 남아프리카공화국 요하네스버그에서 가까운 샤프빌에서 발생한 아파르트헤이트 체제 폐지, 인종차별 반대, 민주화를 외치는 학생과 흑인들을 학살한 사건을 말한다. 이 사건으로 69명의 사망자와 어린이 29명을 포함, 총 289명의 부상자가 발생했다.)에 연루된 가해자가 사면을 청원하여, 진심으로 죄를 고백하고 뉘우치면 사면했다. 나중에는 그들에게 경제적인 보상도 베풀었다. 피해자 가족들에게는 그들의 요청에 따라 피해자 무덤에 비석을 세워줌으로써 아파르트헤이트 시절의 국가 폭력 피해자들이 잊히지 않도록 했다. 그리고 자신을 탄압하고 고통을 준 백인 정부 관계자들을 모두 용서했다. 대통령이란 권력을 쥐고도 이렇게 했다는 것은 그가 얼마나 넓은 도량을 가진 사람인지를 잘 알게 한다. 그는 국가와 국민들의 자유와 평화를 위해서라면, 자신의 억울함이나 고통은 아무렇지도 않게 여겼던 것이다.

그는 남아프리카공화국의 평화수호자이며 흑인해방운동가였다. 인도에 마하트마 간디가 있었다면, 남아프리카공화국엔 넬슨 만델라가 있었다. 그는 남아프리카공화국의 간디였다.

진정한 용기가 무엇인지를 보여준 또 한 사람. 남미 최초의 여성 대통령인 칠레의 미첼 바첼레트Michelle Bachelet는 2006년 선거를 통해 당당하게 칠레의 대통령이 되었다. 그녀는 중도 실용주의 리더십으로 건실한 경제성장을 이끌며, 2010년 1월 선진국 클럽 경제협력개발기구 OECD에 남미 최초로 가입했다. 퇴임 무렵에는 국민들의 지지율이 84퍼센트나 되었고, 2013년에 다시 출마하여 당선됨으로써 두 번째 임기를 맞이했다.

미첼 바첼레트는 포용력과 결단력, 자신의 뜻을 관철시키는 추진력이 대단히 뛰어나다. 그녀는 남녀 동수의 내각을 구성하며 양성평등에 따라 남성과 여성을 동일시했다. 기존 남성 위주의 내각 구성에 대한 일대의 변혁이었다. 그녀는 아버지가 군사정권의 고문으로 희생됐던 과거사 청산을 주도했다.

여기서 대통령으로서 그녀의 진면목이 잘 드러난다. 그녀는 억울하게 희생된 아버지의 원한을 갚기보다는 국가의 미래와 국민들의 자유와 평화, 경제성장과 안정을 위해 정적들을 용서하여 화합을 이끌어 냈다. 누구도 흉내낼 수 없는 포용이며 결행이었다. 다음은 그녀가 대통령이 되어 국민의 화합을 강조하며 한 말이다.

"때론 용서할 수 없는 사람이 있습니다. 도저히 지울 수가 없는 분한 일들도 있습니다. 그러나 그럴수록 지우고 용서해야 합니다. 왜냐하면 그런 기억과 분노들이 우리에게 주어진 삶의 질을 망가뜨리기 때문입니다."

그녀는 아버지를 잃은 슬픔과 고통을 안고 살았지만 국가를 위한 원대한 포부를 화합과 협력으로 이끌어 냈다. 유연한 사고와 탄력적인 리더십으로 위기에 처한 국가경제를 안정시킴으로써 칠레를 남미 최초로 경제개발협력기구의 일원이 되게 했다.

그녀는 투철한 책임감을 바탕으로 국민을 사랑했고, 나라를 생각했다. 그녀는 자신의 안위와 유익에 대해서는 조금도 생각하지 않았던 진정한 사랑과 용서의 지도자였다.

넬슨 만델라와 미첼 바첼레트는 진정한 용서와 화해가 무엇인지 전 인류에게 보여준 참된 지도자였다. 용서는 또 다른 이름의 사랑인 것이다.

마르쿠스 아우렐리우스는 이렇게 말했다.

"잘못을 저지르거나 바른 길에서 벗어난 사람까지도 사랑하는 것은 오직 인간만이 할 수 있는 일이다."

그렇다. 마르쿠스 아우렐리우스의 말처럼 잘못을 저지르거나 바른 길에서 벗어난 사람까지도 사랑하는 것, 즉 용서할 수 있는 것은 오직 사람만이 할 수 있는 거룩한 행동이다. 그런 까닭에 잘못을 한 누군가가 진심으로 참회하고 용서를 구한다면 용서하라. 용서는 자신이 자신에게 주는 최고의 사랑인 것이다.

항상 웃되 찌푸린 얼굴을 하지 마라

찌푸린 얼굴은 자연스럽지 않다.
자주 그런 표정을 짓다 보면
아름다움은 점점 사라져
나중에는 완전히 소멸하여 되살리지 못한다.

명상록 47

일소일소 일노일노
一笑一少 一怒一老

이는 '한 번 웃으면 한 번 젊어지고, 한 번 화내면 한 번 늙는다'라는 뜻이다. 그러니까 젊게 살고 싶다면 화를 내거나 찌푸리지 말고 웃으며 살라는 말이다. 웃음이 건강에 미치는 영향에 대해 제임스 월쉬James Walsh는 이렇게 말했다.

"웃는 사람은 실제적으로 웃지 않는 사람보다 더 오래 산다. 건강은 실제로 웃음의 양에 달려 있다는 것을 아는 사람은 거의 없다."

제임스 윌쉬의 말처럼 웃음이 건강에 미치는 영향은 실로 막대하다고 하겠다. 웃으면 엔도르핀endorphin(동물의 뇌 등에서 추출되는 모르핀과 같은 진통효과를 가지는 물질의 총칭)과 엔케팔린enkephalin 등이 분비되어 쌓인 스트레스를 날려줌으로써 몸의 긴장을 풀어주고, 장기 기능의 활성을 도와줌으로써 장기를 건강하게 하는 데 아주 효과적이다. 또한 정신건강에도 큰 영향을 준다. 그런 까닭에 웃음으로 치료를 돕는 웃음치료법이 활성화 되었다.

자주 웃으면 건강에도 좋을 뿐만 아니라, 자신이 행복해진다는 것을 느끼게 된다. 그런 까닭에 행복해지기 위해서라도 자주 웃어야 한다. 웃음이 행복에 미치는 영향에 대해 미국의 심리학자이자 철학자인 윌리엄 제임스William James는 이렇게 말했다.

"우리는 행복하기 때문에 웃는 것이 아니고, 웃기 때문에 행복하다."

윌리엄 제임스의 말처럼 자주 웃다 보면 마음의 근육에 탄력이 생긴다. 그러다 보니 걱정거리가 생겨도 긍정적으로 생각함으로써 걱정거리로부터 자신을 지켜내게 된다.

우리가 행복해서 웃는다면 웃는 일이 얼마나 많이 생기겠는

가. 하지만 자주 웃다 보면 습관이 되고, 습관이 들면 자연스럽게 웃게 된다.

소 문 만 복 래
笑門萬福來

이는 예로부터 전해져 오는 '웃으면 복이 온다'는 말로 웃음의 중요성을 잘 알게 한다. 왜 그럴까. 웃음은 살아가는 데 있어 긍정적인 효과를 주기 때문이다. 그런 까닭에 힘들고 어려워도 웃음을 잃지 않고 열심히 하다 보면 좋은 결과를 낳게 된다. 그러니 이를 어찌 복이라고 하지 않을까. 한마디로 말해 찌푸리지 말고 웃으며 살라는 말이다.

표현은 다르지만 마르쿠스 아우렐리우스는 찌푸린 얼굴을 하지 말라고 했다. 그의 말을 보자.

"찌푸린 얼굴은 자연스럽지 않다. 자주 그런 표정을 짓다 보면 아름다움은 점점 사라져 나중에는 완전히 소멸하여 되살리지 못한다."

마르쿠스 아우렐리우스가 찌푸린 얼굴을 하지 말라는 것은 그로 인해 아름다움이 사라지기 때문이라는 것이다. 여기서 아름다움이란 무엇인가. 얼굴의 아름다움을 비롯해 마음과 몸가

지금은 아우렐리우스를 읽어야 할 때

짐의 아름다움 등을 말한다. 그러니까 삶의 아름다움을 말한다고 하겠다.

옳은 말이다. 얼굴이 못생겨도 자주 웃는 사람은 활력이 넘치고 그 에너지의 빛이 얼굴에 그대로 나타난다. 그러다 보니 얼굴이 그렇게 못생겨 보이지 않는다. 웃음이 주는 효과 때문이다. 그런데 찌푸린다고 해보라. 예쁘고 잘생긴 얼굴도 험상 맞게 보인다. 그런 까닭에 찌푸리지 말고 웃어야 하는 것이다.

그렇다. 찌푸리지 말고 웃어라. 찌푸리면 그만큼 못생겨지고 웃으면 그만큼 더 젊어지고 아름다워지게 된다. 또한 행복은 덤으로 온다. 웃음은 '인생의 명약'이자 '행복의 비타민'이다.

헛된 환상을 버리고 현재에 충실하기

모든 환상은 버려라.
욕망의 꼭두각시는 되지 마라.
현재에 충실하라.

명상록 48

"과도한 욕망보다 큰 참사는 없다. 불만족보다 큰 죄는 없다.
탐욕보다 큰 재앙은 없다."

이는 도가道家의 창시자인 노자老子가 한 말로, 욕망과 탐욕이
인간에게 미치는 영향을 함축적으로 잘 보여준다. 물론 욕망은
필요한 마음이다. 문제는 지나치다는 것에 있다. 적당한 욕망
은 자신이 하는 일에 동기부여가 되지만 지나치게 되면 탐욕이
되고 만다. 정작 무서운 것은 욕망을 넘어 탐욕이 되는 것이다.

한번 탐욕이라는 함정에 빠지게 되면, 이성으로도 통제가 안돼 인간성을 상실하게 된다. 그렇게 되면 '죄'라는 것을 알고도 탐욕이 시키는 대로 고분고분 따르게 되고 그것이 죄라는 것도 망각하게 된다. 그런 까닭에 도를 넘는 욕망과 탐욕으로부터 헤어나야 한다.

욕망과 탐욕을 떨쳐버리기 위해서는 어떻게 해야 할까. 그것은 자신에게 처한 현실에 충실해야 하는 것이다. 자신에게 충실하기 위해서는 현재를 긍정적이고 적극적으로 살아야 한다. 그렇게 하기 위해서는 헛되게 시간을 보내지 않도록 해야 한다. 이에 대해 영국의 시인이자 문학평론가인 사무엘 존슨 Samuel Johnson은 이렇게 말했다.

"짧은 인생은 시간의 낭비에 의해 더욱 짧아진다."

사무엘 존슨의 말에서 보듯 시간을 낭비하는 것은 자신의 인생을 갉아먹는 것과 같다. 그런 까닭에 그것은 자신의 인생을 짧게 만드는 결과를 낳는 것이다. 이처럼 허무한 인생을 살지 않기 위해서는 자신에게 주어진 시간을 공들여 보내야 한다.

이에 대해 독일의 소설가 장 파울 Jean Paul은 이렇게 말했다.

"인생은 한 권의 책과 같다. 어리석은 사람은 아무렇게나 책장을 넘기지만 현명한 사람은 공들여 읽는다. 왜냐하면 그들은 단한 번밖에 그것을 읽지 못한다는 것을 알고 있기 때문이다."

인생은 한 권의 책과 같다는 장 파울의 말은 유한한 인간에 대한 비유로는 아주 적절하다고 할 수 있다. 올바른 책 읽기는 정독인 것처럼 인간은 하루하루를 책을 정독하듯이 정성껏 보내야 한다. 그렇게 해야 자신의 인생을 허무하게 보내지 않을 뿐더러 자신이 추구하는 삶을 이룰 수 있다.

"모든 환상은 버려라. 욕망의 꼭두각시는 되지 마라. 현재에 충실하라."

이는 마르쿠스 아우렐리우스가 한 말로, 그는 자신의 말대로 살기 위해 현재에 충실했다. 그는 황제로서 수많은 시련과 고난을 겪었다. 동쪽으로는 파르티아 제국이, 북쪽에서는 게르만족이 수시로 침략해 왔다. 그는 침략들로부터 로마 제국을 지켜내기 위해 로마의 황제 중 가장 많은 시간을 전쟁터에서 보냈다. 그는 언제 적의 공격이 있을지 모르는 위급한 상황에서도 사색을 하고 글을 쓰며 자신을 열심히 담금질했다. 그렇게 한 장 한 장 쓴 글은 부피가 두툼해졌고, 그것은 책이 되어 세상의 빛이 되었다. 그 책은 바로 마르쿠스 아우렐리우스의《명상록》이다.

마르쿠스 아우렐리우스는 황제로서 본분을 다하기 위해 민사법의 비정상적인 법률과 가혹한 조항을 삭제하여 노예를 비롯한 과부, 소수민족들을 보호했다. 그리고 상속 분야에서 혈연을 인정하여 로마 시민들로부터 열렬한 지지를 받았다. 이처럼 그는 로마의 시민들의 권리를 보호함으로써 그들의 행복한 삶을 법률적으로 보장해주었다.

이렇듯 마르쿠스 아우렐리우스가 로마 시민들로부터 존경받는 인물이 될 수 있었던 것은 자신에게 주어진 현재에 충실했기 때문이다.

만일 지금 자신이 놓인 상황이 어렵다면 그에 대해 불평불만하지 마라. 그만큼 더 현재에 충실히 임하는 것, 그것이 어려운 지금의 현실을 타파할 수 있는 가장 훌륭한 비책인 것이다.

그렇다. 자신에게 주어진 현실에 최선을 다하라. 그것이 자신을 잘되게 하는 축복의 비결인 것이다.

자신이 가진 것에 늘 감사하라

당신이 가지고 있지 않은 것을
탐하기보다는 가지고 있는 것 중에
가장 값진 것을 골라보라.
그것을 갖지 못했더라면 얼마나 간절히 원했을까
생각하며 소중히 여기고 감사하라.

명상록 49

사람들 중엔 자신의 떡보다 남의 떡에 더 관심을 보이는 사람
이 있다. 자신이 가진 것도 썩 괜찮음에도 남의 것에 관심을 보
이는 것은 남의 떡이 더 커 보이기 때문이다. 이런 마음으로부
터 벗어나지 않으면 자신의 것을 제대로 볼 수 없을 뿐만 아니
라 자신의 것을 소홀히 하게 된다.

사람은 누구나 태어날 때부터 자신만의 재능이 있다. 이는 자
신이 지닌 기본적인 자산이라고 할 수 있다. 노래 재능을 가진
사람에게 노래 재능은 노래로 성공할 수 있는 자산이며, 글쓰

기재능을 가진 사람에게 글쓰기 재능은 글로 성공할 수 있는 자산이다.

이렇듯 각 사람에 있어 타고난 재능은 그것이 무엇일지라도 기본적인 자산인 것이다. 그런 까닭에 자신이 지닌 재능에 감사해야 한다. 그리고 재능을 십분 발휘할 수 있도록 노력해야 한다. 하지만 그렇다고 해서 누구나 다 성공할 수 있는 것은 아니다. 재능으로 성공할 수 없다면, 다른 것에 매진함으로써 성공할 수 있는 기반을 다져야 한다.

그런데 이러한 기본적인 삶의 법칙을 도외시하고, 자신에게 없는 것을 탓하며 불평불만을 일삼는다면 그 어떤 것도 이룰 수 없다. 불평불만은 부정적으로 작용함으로써 자신의 성장을 가로막는다. 그러기 때문에 감사하는 마음을 갖는 것은 매우 중요하다. 감사하는 마음속에는 긍정의 에너지가 들어 있어 자신이 하는 일에 탄력이 된다.

미국 여성 방송인으로 최고의 성공 스토리를 쓴 오프라 윈프리는 자신이 가진 것에 감사하는 자세에 대해 이렇게 말했다.

"당신이 가진 것에 감사하세요. 결국 더 많이 갖게 될 것입니다. 당신이 만약 갖지 못한 것에 집착한다면 절대로 결코 충분함을 얻지 못할 것입니다."

주변에 휘둘리지 말고 자신의 본분을 다하라

오프라 윈프리는 사생아로 태어났다. 하지만 철없는 부모 손에서 자란다는 것조차 그녀에겐 꿈에 불과했다. 그녀의 부모는 아기를 놔둔 채 고향을 떠났다. 그녀는 엄한 할아버지와 할머니 슬하에서 어린 시절을 보낼 수밖에 없었다. 그러다 어머니가 살고 있는 밀워키로 이사했지만, 가난은 여전히 진드기처럼 그녀를 놓아주지 않았다.

어린 그녀에겐 하나에서부터 열까지 모든 것이 시련이었고, 눈물이었고, 아픔이었다. 어느 것 하나 그녀를 행복하게 하는 것은 없었던 것이다.

그러나 그녀는 절망하지 않았다. 모든 것을 받아들이며 자신의 새로운 인생을 위해, 새로운 모색을 위해 탐구하고 노력했다. 그렇게 해서 새롭게 시작한 일이 라디오 방송국 일이었다. 하지만 그녀는 거기에 만족하지 않고 자신의 꿈을 이루기 위해, 대학 졸업도 미루고 TV뉴스를 맡아 최선을 다했다. 그러면서 차츰 그녀는 알려지기 시작했다. 그러자 그녀에게 새로운 기회가 찾아왔다. 그녀는 토크쇼를 진행하게 된 것이다.

오프라 윈프리의 토크쇼는 시카고에서 단번에 시청률을 높이며 시청자들의 눈길을 사로잡았다. 지금과는 다른 새로운 구성과 화법에서 오는 그녀만의 독특한 개성이 먹혀들었던 것이다. 그 후 그녀는 승승장구하며 희망의 아이콘이 되었다.

그녀는 1998년 실시한 미국에서 가장 영향력 있는 여성 중

지금은 아우렐리우스를 읽어야 할 때

힐러리 클린턴에 이어 2위에 뽑혔다. 그리고 〈포브스〉가 연예인과 스포츠 스타, 작가, 영화감독 등 소득과 명성을 기초로 선정한 2007년, 2008년 '세계에서 가장 영향력 있는 유명인사 100인'에 연이어 1위를 차지했다.

오프라 윈프리는 단순한 엔터테이너가 아니다. 그녀는 피부와 인종을 뛰어넘은, 모든 여성들의 꿈의 대상이며 실체이다. 그녀가 진행했던 '오프라 윈프리 쇼'는 2002년까지 30회의 에이미상을 수상하는 영예를 안았다. 또한 그녀는 영화 '컬러 퍼플'에 출연하여 골든글러브상을 수상하고, 미국 아카데미시상식에서 여우조연상을 수상했다. 그녀가 이룬 이 놀라운 결과는 그녀의 땀과 신념 그리고 용기와 믿음이 이루어낸 향기로운 결실이다.

오프라 윈프리가 성공할 수 있었던 것은 자신의 말처럼 자신이 가진 것에 감사하며 최선을 다했기 때문이다. 마르쿠스 아우렐리우스 또한 감사에 대해 이렇게 말했다.

"당신이 가지고 있지 않은 것을 탐하기보다는 가지고 있는 것 중에 가장 값진 것을 골라보라. 그것을 갖지 못했더라면 얼마나 간절히 원했을까 생각하며 소중히 여기고 감사하라."

마르쿠스 아우렐리우스의 말에서 보듯 자신이 원하는 삶을 살고 싶다면, 자신이 가지고 있지 않은 것을 탐하기보다는 가지고 있는 것 중에 가장 값진 것을 통해 감사해하며 최선을 다해야 한다.

그렇다. 그것이 무엇일지라도 자신이 가진 것에 감사하며 최선을 다하라. 그것이야말로 자신을 위하는 최선의 길인 것이다.

후회란 자책이니 후회하는 일을 하지 마라

후회란 어떤 유익한 일을 소홀히 해
놓친 것에 대한 일종의 자책이다.
선(善)은 어느 경우나 유익한 것이기 때문에
선한 사람이라면 당연히 그것에 관심을 쏟아야 한다.
또한 선한 사람은
쾌락의 기회를 놓치더라도 절대 후회하지 않는다.
따라서 쾌락은 선도 아니고 유익한 것도 아니다.

명상록 50

사람은 누구나 후회를 하며 산다. 인간은 완전한 존재가 아니기 때문이다. 다만 후회를 자주 하느냐 그렇지 않느냐는 각각의 사람에게 달린 문제일 뿐이다.

마르쿠스 아우렐리우스는 후회에 대해 이르기를 '유익한 일을 소홀히 해 놓친 것에 대한 일종의 자책'이라고 했다. 옳은 지적이다. 자기에게 유익한 것을 게을러서 또는 무관심해서 놓친다면 후회를 안 할 수 없다. 그런 까닭에 후회는 자책이라고 할 수 있다.

후회를 줄이기 위해서 또는 후회하지 않기 위해서는 어떻게 해야 할까. 이에 대해 마르쿠스 아우렐리우스는 '선善은 어느 경우나 유익한 것이기 때문에 선한 사람이라면 당연히 그것에 관심을 쏟아야 한다'고 말했다.

왜 그럴까. 선은 언제나 옳기 때문이다. 그런 까닭에 선을 행하면 행복해지고 후회하지 않는다. 선한 사람이 아니더라도 선한 일을 행하면 행복함을 느끼게 된다. 그래서 선한 일을 한다는 것은 스스로를 유익하게 하는 일이며, 후회를 줄이는 일이며, 후회하는 일이 없도록 하는 일인 것이다.

또한 마르쿠스 아우렐리우스는 '선한 사람은 쾌락의 기회를 놓치더라도 절대 후회하지 않는다'고 말했다. 그리고 그 이유에 대해 쾌락은 선도 아니고 유익한 것도 아니기 때문이라고 했다.

참으로 적확한 지적이 아닐 수 없다. 대개의 사람들은 쾌락에 대해 호기심이 많다. 그래서 호기심을 이기지 못하는 사람들은 쾌락의 늪에 빠지게 된다. 의학적으로 볼 때 쾌락의 늪에 한번 빠지게 되면 헤어나기가 무척 힘들다고 한다. 그러다 보니 해서는 안 될 일을 함으로써 법의 심판을 받게 된다. 이땐 후회를 해도 늦다. 오로지 깊은 고통만 따를 뿐이다.

그렇다. 뼈아픈 후회는 고통을 주고 돌이킬 수 없는 참담함만 남긴다. 그런 까닭에 후회하는 일을 만들지 않는 것이 상책이다. 물론 후회를 전혀 하지 않을 수는 없겠지만, 반복적으로 후회하는 일로부터 벗어나도록 해야 한다. 그리고 되도록이면 마르쿠스 아우렐리우스의 말처럼 선을 행함으로써 후회하는 일을 만들지 않도록 노력해야 한다. 그리고 무엇을 하더라도 후회하는 마음이 들려고 하면 그쯤에서 멈추도록 해야 한다.

이에 대해 《채근담茶根譚》에는 다음과 같은 말이 있다.

"입에 맞는 음식은 모두 창자를 녹이고 뼈를 썩게 하는 독약이니 반쯤만 먹어야 재앙이 없으며, 마음을 유쾌하게 하는 일은 모두가 몸을 망치고 덕을 잃게 하는 매개물이니 반쯤에서 그쳐야 후회가 없으리라."

《채근담》에서 보듯, 아무리 입에 맞는 맛있는 음식이나 마음을 유쾌하게 하는 일도 적당할 때 멈춰야 하는 것이다. 그것을 참지 못하면 후회하는 일이 벌어지고 마는 것이다. 이는 마르쿠스 아우렐리우스가 말한 쾌락에 해당하기 때문이다.

그렇다. 식욕도 물욕도 다 탐욕에서 오는 것, 그런 까닭에 정도가 넘치는 일은 후회를 부르는 일이니 후회하는 일이 없도록 정도를 지켜야 하는 것이다. 그것이야말로 자신을 참되게 하는 일임을 명심해야 하겠다.

내가 하는 일은 곧 인류에 봉사하는 일

무엇을 하든 내가 하는 일은
인류에 봉사하는 것이어야 한다.

명상록 51

인류를 위해 무언가 의미 있는 일을 한다는 것은 쉽지 않다. 그것은 열정이 따르는 일이며 개인적인 욕망을 통제하는 일이기 때문이다. 그럼에도 자신의 신념과 철학을 실천으로 옮겨 인류에 귀감이 된 이들이 있다.

미국의 초절주의 철학자이자 시인이며 《월든》의 저자로 유명한 헨리 데이비드 소로Henry David Thoreau. 그는 2년 2개월 동안 월든 호숫가에 오두막을 짓고 최소한의 것을 소유하고, 무소유의 삶을 실천에 옮겨 많은 사람들에게 깊은 감명을 주었다.

또한 소로는 인두세 거부로 투옥 당하기도 했다. 그가 6년 동안 인두세를 거부한 것은 노예제도를 지지하고 멕시코전쟁을 감행하는 미국 정부에 항의하기 위해서였다. 그다음 날 그는 친척 중 누군가가 인두세를 냄으로써 감옥에서 풀려났다. 소로는 감옥에서 풀려나는 걸 거부했지만, 그는 강제로 끌려나오고 말았던 것이다. 이 일은 노예운동에 헌신하는 계기가 되었으며, 이때의 경험을 살려《시민 불복종》을 집필했다.

이처럼 소로는 자신의 생각을 행동으로 보임으로써, 미국 사회와 많은 사람들에게 깊은 영향을 끼쳤다.

소로의 일생은 한마디로 물욕과 인습의 사회와 국가에 항거해서 자연과 인생의 진실에 대한 탐구에 바탕을 둔 실험적 삶의 연속이라고 할 만하다. 또한 그는 많은 것을 가질 수 있고 누릴 수 있는 조건을 갖추었음에도 스스로 절제하고 절약함으로써 작은 것에도 감사하며 사는 삶을 실천해 보인 위대한 인생의 승리자이다.

그리고《조화로운 삶》의 공동저자인 헬렌 니어링Helen Nearing 과 스코트 니어링Scott Nearing은 부부로 번잡한 도시를 떠나 버몬트의 작은 마을로 이주했다. 그리고 20년 넘은 세월을 그곳에서 살며 노동 4시간, 지적활동 4시간, 친교활동 4시간을 원칙을 삼고 실천하는 삶을 살았다.

이들이 버몬트로 이주한 것은 자본주의와 제국주의 사회의 대안으로 '생태적 자치사회'를 실천하기 위한 것이었다. 이들은 기계를 사용하지 않고 되도록 손을 이용해 일했으며, 자급자족을 통해 최소한의 먹을 것을 생산했다. 돈을 모으지 않고, 고기를 먹지 않는 단순한 삶을 살았다. 이들의 삶은 전 세계적으로 귀농과 채식의 붐을 일으켰으며, 한마디로 새로운 삶을 모색하여 제시한 이상적 삶의 구현자라고 할 수 있다.

소로나 헬렌 니어링 부부처럼 산다는 것은 쉽지 않다. 그들이 행한 일은 보통 사람들로는 하기 어려운 일이기 때문이다. 하지만 그들처럼은 아니더라도 생각만 바꾸면 누구나 불필요한 낭비를 줄이고 절제하며 충분히 할 수 있는 일이 있다. 이에 대해 마르쿠스 아우렐리우스는 이렇게 말했다.

"무엇을 하든 내가 하는 일은 인류에 봉사하는 것이어야 한다."

누구나 인류에 봉사하는 마음으로 작은 것부터 실천해볼 수 있다. 가령, 갯벌에 쌓이는 쓰레기를 수거한다든지, 일회용 제품을 쓰지 않는다든지, 공기를 오염시키는 이산화탄소의 배출을 줄인다든지, 쓰레기를 함부로 버리지 않는다든지, 가난한 나라 어린이를 위해 아껴 쓰며 후원을 한다든지, 환경운동에 앞장선다든지, 어려운 사람들을 위해 봉사활동을 펼친다든지 하는 것은 마음만 먹으면 누구나 할 수 있는 소소한 일들이다.

그런데 이런 일들이 인류에 봉사하는 일이라는 걸 대개의 사람들은 잊고 살아간다. 너무나 소소한 일이다 보니, 인류에 봉사하는 일이라는 생각을 하지 못하는 것이다.

그러나 이것이야말로 보통 사람들 누구나 할 수 있는 인류에 대한 봉사인 것이다. 쓰레기를 함부로 버리지 않는다고 해보라. 거리가 깨끗해짐은 물론 보기에도 참 좋다. 이산화탄소 배출량을 줄이면 공기가 맑아지니 지구가 깨끗해지는 것은 당연하다. 이런 일을 혼자 한다면 표도 안 나는 일이지만 우리국민 모두가 그렇게 한다고 해보라. 이는 엄청난 결과를 낳게 하는 생산적인 일인 것이다.

'나 하나쯤 쓰레기를 버린다고 지구가 썩는 것도 아니고.'

'나 혼자 이산화탄소를 줄인다고 해서 뭐가 달라지는데.'

'이처럼 대수롭지 않은 일을 한다고 해서 무슨 유익이 있을까.' 이렇게 생각한다면 지금 그런 생각을 당장 바꿔야 한다. 그런 생각은 스스로를 부정적으로 만들 뿐이다.

'백지장도 맞들면 낫다'는 말도 있지 않은가. 우리는 지금이라도 생각을 바꿔야 한다. 그래서 모두가 내 일처럼 한다면 그 결과는 엄청날 것이다.

그렇다. 모든 것은 생각의 차이에 있다. 자신의 생각을 긍정의 채널에 맞춰라. 그리고 자신이 할 수 있는 일을 꾸준히 행하라. 그러면 그것으로도 충분하다고 할 수 있다.

CHAPTER 6

가야 할 길이 확실하게
보이는 길을 향해 가라

지금 무엇을 해야 하는지 알 수 있는데 왜 망설이는가?
당신이 가야 할 길이 확실하게 보이거든 주저 말고 흔쾌히
그 길을 향해 나아가라.

Marcus Aurelius

땀 흘려 일하되 무리하게는 하지 마라

땀 흘려 일하라.
그러나 무리할 정도로
희생하며 일하지는 마라.

명상록 52

"근면은 빚을 갚고, 자포자기는 빚을 늘린다."

이는 미국 건국의 아버지 중 한 사람인 벤자민 프랭클린Benjamin Franklin이 한 말로, 근면함이 삶에 미치는 영향에 대해 잘 알게 한다.

벤자민 프랭클린처럼 다방면에서 뛰어난 능력을 발휘한 사람도 흔치 않다. 프랭클린이 다방면에서 업적을 남길 수 있었던 것은 근면과 성실, 끈기와 의지 덕분이다. 그의 의지적인 성향은 어린 시절 형성된 생활습관에서 비롯되었다. 프랭클린은 어린 시절 아버지가 경영하는 회사에서 양초와 비누 만드는 일을 도왔고, 형이 운영하는 인쇄소에서 견습공으로 일했다. 인쇄소 일은 힘에 부쳤지만 즐거운 마음으로 임했다.

그의 긍정적이고 능동적인 성격은 새로운 일을 추진하는 데 열정적으로 작용했고 지치지 않는 에너지가 되었다. 인쇄공으로 일하던 프랭클린은 영국으로 건너갔다. 그는 2년간 머물다 귀국했는데 영국에서의 삶은 그에게 새로운 꿈과 열정을 심어주었다.

귀국 후 프랭클린은 언론에 관심을 보였다. 그는 〈펜실베이니아 가제트〉를 인수해 영향력 있는 신문으로 발전시켰다. 그는 교육에도 관심이 많아 펜실베이니아대학교의 전신이었던 필라델피아 아카데미를 창설하고, 도서관을 설립했으며 미국 철학협회를 창립하는 등 교육과 문화에서 폭넓은 활동을 보였다.

프랭클린은 자연과학에도 관심이 많았다. 지진의 원인을 연구하여 발표를 하는가 하면 고성능의 '프랭클린 난로'와 획기적인 '피뢰침'을 발명해 명성을 떨쳤다.

그의 도전정신은 계속되었고 그가 이룬 성과는 많은 사람들에게 깊은 감명을 주었다. 1753년, 그는 영국 로열 소사이어티 회원에 선정되어 코플리상을 받았다.

그 후 프랭클린은 체신장관 대리가 되어 우편제도를 새롭게 개선하였고, 올버니회의에 펜실베이니아 대표로 참석해 최초의 식민지연합안을 제안했다. 그는 영국에 파견되어 식민지에 자주 과세권을 획득했고, 인지조례의 철폐를 성공시켰다.

영국에서 귀국한 그는 제2회 대륙회의의 펜실베이니아 대표로 뽑혔고, 1776년에는 독립선언 기초위원에 임명되었다. 프랑스로 건너가 아메리카와 프랑스 동맹을 성립시켰으며, 프랑스의 재정원조를 얻는 데 성공했다. 그는 1783년 파리조약 미국 대표의 일원이 되었으며, 귀국해서는 펜실베이니아 행정위원회 위원장이 되었다.

프랭클린은 과학자, 정치인, 문필가, 경영자로 다방면에 걸쳐 활동하며 사람들을 놀라게 했다. 그는 몸이 두 개라도 모자랄 정도의 일을 해냈다. 마음에 둔 일을 모두 해내는 집념과 끈기는 그의 성공을 더욱 돋보이게 했다.

프랭클린은 쓸데없는 논쟁을 하지 않았고, 남을 비판하거나 업신여기는 일이 없었다. 항상 남의 말에 귀를 기울이고 배려하였으며, 자기를 과신하거나 교만하지 않았다.

"앉아 있는 신사보다 서 있는 농부가 더 훌륭하다."

그는 자신의 말처럼 매우 서민적이고 겸손했다. 초등학교도 졸업하지 못한 그가 성공할 수 있었던 것은 근면함과 끈기에서 오는 도전정신과 창의력 덕분이었다. 폭넓은 독서는 그의 성공에 일등공신이었다. 독서는 그에게 풍부한 지식을 제공했다. 그에게 책은 최고의 스승이자 친구였다. 그는 근면으로 성공한 대표적인 인물로서 미국 국민들이 가장 존경하는 인물 중 한 명이다.

마르쿠스 아우렐리우스는 근면에 대해 다음과 같이 말했다.

"땀 흘려 일하라. 그러나 무리할 정도로 희생하며 일하지는 마라."

땀 흘려 일하라는 마르쿠스 아우렐리우스의 말은 보편적인 말이지만, 무리할 정도로 희생하며 일하지는 말라는 말에 귀를 기울일 필요가 있다. 무리하다 보면 몸을 상하게 하여 건강을 잃을 수 있고, 그렇게 되면 땀 흘려 일한 보람을 상실하고 만다.

과유불급過猶不及이라 했다. 좋은 일도 지나치면 해가 되는 법이다. 땀 흘려 열심히 일하되 몸을 상하지 않게 정도를 지키며 일하라.

자신에게 일어나는 모든 일

당신에게 일어나는 모든 일은
당신이 감당하도록 자연이 이미 준비한 것이든
아니면 미처 준비시키지 않은 것이다.
만일 당신이 감당할 수 있는 일이 일어났다면
화내지 말고 자연이 준 능력껏 참아내라.

명상록 53

살아가다 보면 뜻하지 않은 일에 부딪쳐 당황할 때가 있다. 그 일이 감당할 수 있는 일이라 할지라도 순간 난처한 생각이 든다. 더구나 자신이 감당하기 힘들다면 "왜 하필 나한테 이런 일이 생긴단 말인가" 하고 탄식하며 절망에 빠지기도 한다. 하지만 그렇다고 절망만 할 수 없다. 힘은 들겠지만 다시 일어설 수 있도록 용기를 내야 한다.

자신이 감당할 수 있는 일은 감당하면 되고, 감당하기에 힘들어도 다시 용기를 내는 것, 이것이 세상을 살아가는 참자세인

가야 할 길이 확실하게 보이는 길을 향해 가라

것이다.

이에 대해 마르쿠스 아우렐리우스는 이렇게 말했다.

"당신에게 일어나는 모든 일은 당신이 감당하도록 자연이 이미 준비한 것이든 아니면 미처 준비시키지 않은 것이다. 만일 당신이 감당할 수 있는 일이 일어났다면 화내지 말고 자연이 준 능력껏 참아내라."

마르쿠스 아우렐리우스의 말은 보편적인 말이지만, 그 말 속엔 삶의 지혜가 담겨 있다. 훌륭한 지혜나 방법은 우리가 흔히 지나치게 되는 평범함 속에 들어 있는 법이다.

그는 전쟁터에서 보낸 날들이 그 어떤 황제보다도 많았다. 언제 무슨 일이 터질지 모르는 전쟁터는 생사를 가늠할 수 없는 예측 불허의 상황에 놓여 있다. 그가 그처럼 말할 수 있었던 것은 자신의 경험에 의해서다. 그의 말대로 그는 자신에게 주어진 상황에 대해 불평 없이 받아들여 처리했기에 전쟁에서 승리를 거두고 살아남을 수 있었던 것이다.

다음은 자신이 전혀 생각지 못한 일로 인해 큰 곤경에 빠졌지만, 그것이 오히려 자신을 위험에서 구해준 전화위복이 된 이야기다.

이스라엘 랍비 중 가장 유명한 아키바는 당나귀와 개와 조그만 램프를 가지고 여행을 떠났다. 아키바는 즐거운 마음에 콧노래까지 흥얼거렸다. 밝은 태양이 서서히 꼬리를 감추며 기울자, 어둠이 슬금슬금 다가왔다. 아키바는 잠잘 곳을 찾다 허름한 헛간을 발견했다.

"잠자기엔 너무 허술하지만, 이곳에서 묵어야겠군."

아키바는 헛간에 자리를 잡고 간단히 저녁을 먹은 뒤, 책을 읽기 위해 램프를 켰다. 책을 읽는 데 갑자기 바람이 불어와 그만 불이 꺼지고 말았다. 할 수 없이 잠이나 자야겠다며 자리에 누웠다. 그런데 한밤중에 여우가 나타나 아키바가 데리고 있던 개를 죽이고, 사자가 나타나 당나귀를 물어 죽였다.

"아니, 이게 어떻게 된 거지? 개도 죽고 당나귀까지 죽다니……."

아침이 되자 아키바는 처참한 광경을 보고, 매우 놀랐지만 이미 엎질러진 물이었다. 아키바는 아무 일도 없었다는 듯 가벼운 마음으로 길을 떠났다. 한참만에야 어느 마을에 도착했다.

그런데 놀랍게도 마을은 폐허가 되어 있었다.

"이럴 수가! 마을이 어쩌다 이 지경이 되었단 말인가?"

아키바는 전날 밤 도둑 떼가 나타나 마을을 파괴하고, 재물을 빼앗고, 사람들을 닥치는 대로 죽였다는 것을 알게 되었다. 아키바는 자신이 살아있다는 것에 감사했다.

이 이야기에서 보듯 아키바는 전혀 뜻하지 않는 일을 겪었지

가야 할 길이 확실하게 보이는 길을 향해 가라

만, 그 일로 인해 목숨을 구할 수 있었다. 만일 그가 자신에게 처한 상황에 대해 불평불만하고 분노했다면 또 다른 일이 발생했을지도 모른다. 그런데 그는 자신이 처한 상황을 받아들임으로써 위험으로부터 자신이 살아날 수 있음에 감사해했다.

그러나 사람들이 다 아키바와 같은 것은 아니다. 하지만 아키바와 같은 일이 자신에게 처해진다면 그 상황을 불평하지 말고 받아들여야 한다. 그렇게 할 때 더 큰 어려움을 겪지 않게 된다. 그리고 현재 처한 상황에서도 무리 없이 벗어날 수 있다.

그렇다. 만일 당신이 감당할 수 있는 일이 일어났다면 화내지 말고 자연이 준 능력껏 참아내라는 마르쿠스 아우렐리우스의 말을 가슴에 새겨 실천하라.

그것이야말로 난관을 극복하는 최선의 방법인 것이다.

가야 할 길이 확실하게
보이는 길을 향해 가라

지금 무엇을 해야 하는지 알 수 있는데
왜 망설이는가?
당신이 가야 할 길이 확실하게 보이거든
주저 말고 흔쾌히 그 길을 향해 나아가라.

명상록 54

　자신이 가야 할 길을 찾지 못해 방황할 때, 자신이 가야 할 길을 알고 간다는 것은 자신에게는 축복과도 같은 일이다. 학교를 졸업하고도 자신이 갈 길을 정하지 못한 젊은이들이 그 어느 때보다 많은 요즘은 더더욱 그러하다.

　그런데 문제는 자신이 갈 길을 정하지 못했으면 어떻게든 자신이 갈 길을 찾아야 함에도 몇 번 찾아보다가 없으면 포기하고 만다. 그러고는 부모에게 기대 용돈을 타 쓰며 아까운 시간을 낭비하곤 한다.

길이란 여러 방면에서 찾아보면 반드시 자신이 가야 할 길을 만나게 된다. 진지한 탐구探求와 노력이 부족하기 때문에 찾지를 못하는 것이다. 다음 이야기는 자신이 갈 길에 대한 탐구와 노력이 얼마나 중요한지를 잘 알게 한다.

　어떤 청소년이 있었다. 그가 고등학교를 졸업하자 노점상을 하는 그의 아버지는 일본으로 가는 배 3등 선실 티켓을 그에게 선물로 주었다. 그의 아버지는 아들에게 집안을 도울 아이템을 찾아보라고 당부했다. 일본 가는 배에 오른 그는 푸른 파도가 넘실대는 망망한 바다를 보자 가슴이 탁 트이는 기분을 느꼈다. 순간 뜨거운 그 무엇이 아래로부터 치고 올라왔다. 그것은 미지의 세계를 향한 그의 부푼 희망이었다. 그는 두 주먹을 불끈 쥐었다.

　오랜 항해 끝에 드디어 종착지인 일본에 도착했다. 가진 게 없던 그는 어느 바닷가에 있는 허름한 오두막에서 며칠을 보내며 아버지가 한 말을 곰곰이 생각했다.

　"앞으로 네가 무엇을 할 것인가를 진지하게 생각해보거라. 그리고 반드시 그 해답을 찾기 바란다."

　그는 바닷가를 거닐다 일본인들이 쪼그리고 앉아 열심히 무엇인가를 하는 걸 보게 되었다. 궁금증이 인 그는 가까이 다가가서 보니 모래를 파고 조개를 잡고 있었다. 그때 그의 눈을 번

쩍이게 하는 것이 있었다. 그것은 반짝반짝 빛나는 조개껍데기였다. 그는 조개껍데기를 유심히 살펴보다 한 가지 사실을 발견했다. 조개껍데기가 매우 아름답다는 걸 느낀 것이다. 순간 그는 조개껍데기로 단추나 담배케이스 등을 만들면 좋겠다는 생각이 들었다.

생각을 굳힌 그는 부지런히 조개껍데기를 주웠다. 그리고 그 것을 가공해서 액세서리로 만들어 런던에 있는 아버지에게 보냈다.

그런데 놀라운 일이 벌어졌다. 그의 아버지가 수레에 담아 팔았는데 날개 돋친 듯이 팔렸던 것이다. 얼마 후 가게를 열었고, 곧이어 가게는 2층이 되고, 3층이 되고, 빈민가에서 도심지로 옮겨갔다. 일본에 있던 그 역시 많은 돈을 벌었다.

그는 새로운 일을 해보고 싶어 생각에 생각을 거듭한 끝에 석유사업을 시작했다. 그런데 먼 거리까지 석유를 운송하는 것이 문제였다. 그래서 그는 곰곰이 생각한 끝에 탱커(유조선)를 직접 디자인했다. 탱커의 발명으로 그는 억만장자가 되었다. 그는 세계 굴지의 석유회사 셸 창업자인 마커스 새뮤얼Marcus Samuel이다.

마커스 새뮤얼이 성공할 수 있었던 것은 자신이 가야 할 길이 보이지 않는 가운데서도 꾸준히 노력한 끝에 자신이 가야 할 길을 찾았고 그로 인해 성공의 발판을 마련했다는 데 있다. 더구나 한 번도 와본 적이 없는 낯선 나라 일본에서 그는 자신의 길을 찾았던 것이다. 그리고 거기에 머무르지 않고 새로운 길을 찾아 끈질기게 도전한 끝에 대성할 수 있었다.

보이지 않는 낯선 길에서도 자신의 길을 찾은 끝에 성공이란 역사를 쓴 마커스 새뮤얼이 있는가 하면, 보이는 길을 두고도 가지 않는 젊은이들이 있다. 이는 스스로를 기만하는 일이며 자신의 인생에 대한 모독과 같다. 안 보이는 길도 찾아가야 하는 것이 인생이다. 보이는 길을 간다는 것은 그것만으로도 큰 힘이 된다.

이에 대해 마르쿠스 아우렐리우스는 이렇게 말했다.

"지금 무엇을 해야 하는지 알 수 있는데 왜 망설이는가? 당신이 가야 할 길이 확실하게 보이거든 주저 말고 흔쾌히 그 길을 향해 나아가라."

마르쿠스 아우렐리우스의 말처럼 길이 보이면 절대 주저하거나 망설이지 말고 전력을 다해 나아가라. 그러면 자신이 바라는 것을 성취함으로써 인생의 기쁨을 누리게 될 것이다.

법은 우리의 주인이다

주인에게서
몰래 달아나는 자는 도망자이다.
우리의 주인은 법이다.
따라서 법을 어기는 자는 도망자이다.

명상록 55

법法이란 무엇인가? 법이란 국가의 강제력을 수반하는 사회 규범을 말한다. 그런 까닭에 법은 반드시 지켜야 한다. 법을 지키지 않으면 불법을 행하게 되고, 그로 인해 법의 심판을 받아야만 한다.

가정과 사회와 국가가 질서를 유지하고 평화롭게 살아가기 위해서는 법을 어기지 말고, 반드시 법을 준수하며 살 때만이 가능하다.

이에 대해 독일의 법철학자 구스타프 라트브루흐Gustav Radbruch

는 다음과 같이 말했다.

"법의 이념은 정의, 합목적성과 법적 안정성에 있다."

구스타프 라트브루흐의 말은 법이 지닌 목적이 무엇인지 잘 알게 한다. 만일 법이 없다면 사회질서는 무너지고 말 것이다. 아무리 사회적 규범規範이나 양심에 따라 산다고 해도 강제할 수 있는 법이 없다면 통제할 길이 없다. 따라서 그에 따른 대가를 감당해야만 한다. 그런 까닭에 억울함을 당하지 않고 인간답게 자유와 평화를 누리며 행복하게 살기 위해서는 반드시 법이 있어야 하는 것이다.

마르쿠스 아우렐리우스는 법에 대해 말하기를 '법은 우리의 주인이다'라고 했다. 그의 말을 보자.

"주인에게서 몰래 달아나는 자는 도망자이다. 우리의 주인은 법이다. 따라서 법을 어기는 자는 도망자이다."

법이 우리의 주인이라는 말은 무엇을 뜻하는가. 그것은 앞에서도 말했듯이 법은 인간이 자유와 평화를 누리며 행복하게 살아가는 데 있어 보루堡壘이기 때문이다. 나아가 자신의 권리를 정당하게 행사함에 있어 보호의 역할을 하기 때문이다. 이런 관점에서 볼 때 법은 우리의 생명과 재산 그리고 자유와 평화, 정당한 권리를 보호해주는 주체이기에 법을 우리의 주인이라고 비유적으로 말했던 것이다.

법의 중요성과 필요성을 잘 알았던 마르쿠스 아우렐리우스는 민사법의 비정상적인 법률과 가혹한 조항을 삭제하여 노예를 비롯한 과부, 소수민족들을 보호했다. 그리고 상속 분야에서 혈연을 인정하여 로마 시민들로부터 열렬한 지지를 받았다. 이처럼 그는 로마의 시민들의 권리를 보호함으로써 그들의 행복한 삶을 법률적으로 보장해준 존경받는 황제였다.

마르쿠스 아우렐리우스의 위대성은 바로 법을 만들어 로마 시민들의 권리를 보호함으로써 그들이 인간답게 살아가도록 했다는 데 있다. 그런 까닭에 로마 시민들은 법을 지키고 자신의 권리를 행사하며 인간답게 살 수 있었던 것이다.

그렇다. 우리의 주인인 법을 위해서는 우리는 법을 잘 준수해야 한다. 그것이 우리를 지켜주고 보호해주는 법에 대한 의무이자 도리인 것이다.

가야 할 길이 확실하게 보이는 길을 향해 가라

성실하고 선한 것은 향기를 품고 있다

성실하고 선한 것은
그 자체의 향기를 지니고 있어서
마주치는 사람은
좋든 싫든 그것을 알아차린다.
그러나 위장된 성실은 가슴에 품은 칼날이다.

명상록 56

마르쿠스 아우렐리우스는 '성실'과 '선'한 것은 향기를 지니
고 있어, 마주치는 사람들을 보면 성실하고 선한 사람인지를
알게 된다고 말했다. 그런 까닭에 거짓으로 성실한 척하면 그
것은 가슴에 품은 칼날이라고 말했다.

여기서 가슴에 품은 칼날이란 의미는 가짜로 사람을 속일 수
없는 까닭에 그것은 오히려 자신의 가치를 떨어뜨리는 경우를
초래하게 된다는 뜻이라고 할 수 있다. 생각해보라. 가짜로 성
실을 위장한다고 해서 표가 나지 않겠는지를. 성실성은 타고나

야 하는 것이다. 물론 노력에 의해서도 얼마든지 성실한 마음과 자세를 기를 수 있다. 하지만 위장한 성실은 뿌리가 옅은 나무가 작은 바람에 쓰러지듯 쉽게 드러나는 법이다.

여기서 성실과 선이 인간의 삶에 미치는 영향이 얼마나 지대한지에 대해 알아보는 것도 삶을 참되게 사는 데 있어 큰 도움이 될 것이다.

성실誠實은 '정성스럽고 참됨'이란 뜻이 담겨서일까, 성실한 사람을 보면 그가 누구든 그냥 믿음이 간다. 성실하다는 것 하나만으로도 그 사람이 썩 괜찮을 거라는 생각이 들어서다. 다음은 성실성이 인간에게 있어 왜 중요한지에 대해 잘 알게 하는 말이다.

"성실은 신뢰의 문을 여는 열쇠이다."

이는 에이브러헴 링컨Abraham Lincoln이 한 말로, 성실은 그 사람을 신뢰하게 하는 중요한 마인드이다. 링컨이 이렇게 말한 것은 그 또한 수많은 실패에도 굴하지 않고 성실하게 임함으로써 변호사가 되고, 미국 역사에서 가장 훌륭한 대통령이 되었다. 그랬던 그의 말이기에 더욱 믿음이 간다.

"성실은 인격의 가장 중요한 보석이다."

이는 미국의 자기계발 동기부여가인 브라이언 트레이시^{Brian}
^{Tracy}가 한 말로, 성실은 인격을 형성하는 데 있어 매우 중요하
다는 것을 뜻한다. 브라이언 트레이시는 어려운 가정형편으로
고등학교를 마치고 여러 가지 아르바이를 전전했다. 그러다 돈
이 떨어져 노숙자 생활을 한 적도 있지만, 닥치는 대로 책을 읽
고 교양과 상식을 키웠다. 그리고 그는 이 대학 저 대학을 찾아
다니며 무료로 하는 특강이나 강연을 들으며 부족한 지식을 쌓
았다. 그리고 배운 것을 토대로 하여 자기 나름대로 원고를 작
성해 강의노트를 만들고 책을 펴냈다. 그리고 최선을 다한 끝
에 유능한 자기계발 강사가 되었다. 그를 성공하게 만든 것은
성실함의 힘이었다.

선善이란 '올바르고 착하여 도덕적 기준에 맞음'이란 뜻이다.
선이 품고 있는 의미처럼 선한 사람은 행동거지가 반듯하고 성
품이 착하며 도덕적으로도 어긋남이 없다. 그런 까닭에 선한
사람은 법이 없어도 살 수 있을 만큼 인간적인 면모를 지녔기
에 사람들로부터 좋은 사람이라는 평가를 받는 것이다. 다음은
선이 인간에게 있어 왜 중요한지에 대해 잘 알게 하는 말이다.

"모든 선한 행동은 곧 빛을 발한다."

이는 독일의 성직자이자《그리스도를 본받아》의 저자인 토마스 아 켐피스Thomas a Kempis가 한 말로, 선한 행동이 세상에 미치는 영향이 얼마나 지대한지를 단적으로 보여준다. 다시 말해 선한 행동은 선한 영향력을 발함으로써 그 영향을 받은 사람들 역시 선을 행한다는 의미를 내포하고 있다.

"선한 마음은 모든 것을 치유한다."

이는 미국의 소설가로서 소설《작은 아씨들》로 유명한 루이자 메이 알코트Louisa May Alcott가 한 말로, 선한 마음이 지닌 가치에 대해 잘 알게 한다. 선한 마음 선한 행동은 불의한 사람도 바르게 하는 힘을 지녔다. 또한 마음에 상처를 입은 사람에게도 마음의 상처를 낫게 하는 힘을 발휘하여 평안한 마음이 되게 한다. 그런 까닭에 선한 마음은 치유의 힘을 지닌다고 하겠다.

이상에서 보듯 성실과 선은 마르쿠스 아우렐리우스의 말처럼 '향기'를 지니고 있다는 것을 알 수 있다. 그런 까닭에 성실과 선이 닿은 곳마다 기쁨과 즐거움이 꽃피고, 그 영향을 받은 사람들 또한 성실과 선으로써 삶을 살아가고자 하는 것이다.

그렇다. 성실하게 행동하고 선을 행하라. 그것은 인간으로서 취해야 할 당연한 삶의 처세이자 근본인 것이다.

몸과 마음을 단련하고
마음을 깨끗이 정화하라

단련과 정화에 힘쓴
사람의 마음속에는 썩거나 더러운 것,
곪아터진 상처도 찾아볼 수 없다.
운명은 그런 사람의 삶을 미완성의 상태로
거두어 가지 않는다.

명상록 57

'단련鍛鍊'이란 말이 있다. 여기서 단鍛은 '쇠를 불린다'는 뜻이고, 련鍊 또한 '불릴 련'이란 뜻으로 쇠를 불릴 때 쓰는 말이다. 그러니까 단련이란 말은 '쇠붙이를 불에 달구어 두드려서 단단하게 함'이란 뜻으로, '몸과 마음을 굳세게 닦음'이란 의미로도 사용된다. 심신을 단련하여 굳세게 하면 몸과 마음이 강인해져 그 어떤 어려움 앞에서도 흔들리지 않게 된다. 그래서 힘들고 고통스러운 일이 닥쳐도 능히 이겨내게 된다. 그런 까닭에 몸과 마음을 강하게 단련해야 하는 것이다.

'세심洗心'이란 말이 있다. 마음을 깨끗하게 한다는 말이다. 마음을 깨끗하게 하는 것은 정신을 맑게 하는 것이고, 행동거지를 바르게 하는 것이기에 매우 중요한 의식과도 같은 것이라고 할 수 있다. 그런 까닭에 예로부터 선각자들은 수양을 통해 몸과 마음을 깨끗이 했다.

그런데 예나 지금이나 사람들 중엔 몸은 매일 씻고 깨끗이 하면서도, 마음은 깨끗하게 할 생각을 안 한다. 그러다 보니 몸은 단정하고 깨끗한데, 행동거지는 바르지 못하다. 이는 대단히 잘못된 것으로 마음을 맑고 깨끗이 하는 것을 습관화해야 한다. 마음을 단련하고 깨끗이 하기 위해서는 어떻게 해야 할까?

첫째, 그날 있었던 일을 돌이켜보고 잘못된 것이 있다면 반성함으로써 마음의 먼지를 닦아내야 한다. 둘째, 기도를 통해 마음을 정결히 하고 몸가짐을 가지런히 해야 한다. 셋째, 사색을 통해 어지러운 마음을 곧게 하고 반듯하게 해야 한다. 넷째, 독서를 통해 묵은 마음을 털어내고, 새로운 생각으로 마음을 새롭게 해야 한다.

마음을 단련하고 깨끗하게 한다는 것은 곧 자신의 생각과 행동을 바르게 하는 것이며, 흠 없는 삶을 살기 위한 노력인 것이다. 그런 까닭에 늘 자신의 마음을 살핌으로써 욕망의 먼지, 불순함의 먼지, 남을 비난하고 비방하는 먼지, 부정함의 먼지가 끼지 않도록 해야 한다. 마음을 단련하고 깨끗이 함으로써 많

가야 할 길이 확실하게 보이는 길을 향해 가라

은 사람들에게 본이 되었던 감동적인 이야기다.

　조선 순조 때 문신이자 학자로 형조판서와 예조판서를 지낸 홍기섭은 강직하고 재물을 탐내지 않는 청렴한 사람이었다.
　그가 참봉으로 있을 때 일이다. 그는 당시 계동에서 살았는데 지독하게 가난하여 집에 먹을 거라고는 아무것도 없었다.
　그러던 어느 날 밤이었다. 도둑이 든 것이다. 훔쳐갈 게 있나 여기저기 살펴보던 도둑은 "세상에 이처럼 가난한 사람도 다 있구나"라고 혼잣말로 중얼거렸다. 그러고는 솥뚜껑을 열고는 다른 집에서 훔친 돈 꾸러미를 놓아두고 사라졌다.
　다음 날 아침 부엌에 나갔던 그의 아내가 솥 안에 돈이 있는 걸 보고는 남편에게 말했다.
　"여보, 솥 안에 돈이 들어있어요. 아마 하늘이 보내준 것 같아요. 이 돈이면 쌀과 고기, 땔나무도 살 수 있어 배불리 먹을 수 있겠어요."
　그러자 홍기섭은 정색을 하며 말했다.
　"그건 안 될 말이요. 어떻게 하늘이 보내준 거라고 하겠소. 그 돈을 잃은 사람이 있을 테니 주인에게 돌려주어야 합니다."
　이렇게 말하며 홍기섭은 돈을 잃은 사람은 찾아가라고 글을 써서 붙였다. 그런데 그 글을 본 도둑이 홍기섭을 찾아가 말했다.
　"나리, 소인은 도둑인데, 어젯밤 물건을 훔치러 왔다가 형편이 너무 어려운 것 같아 다른 집에서 훔친 돈을 솥 안에 놓고 갔습니다. 그러니 생활비로 쓰십시오."

"그건 안 될 일이다. 그 돈을 도로 가져가거라."

홍기섭의 말에 크게 감동한 도둑은 큰절을 올리며 말했다.

"오늘 참으로 훌륭하신 나리를 뵈었습니다. 지금부터는 도둑질을 하지 않겠습니다. 저를 나리의 종이 되게 허락해 주십시오."

그 일이 있고 나서 도둑은 홍기섭의 하인이 되어 성실하게 일했다. 그 후 홍기섭은 한성부판윤을 거쳐 형조판서, 예조판서를 지냈다.

홍기섭은 청빈하고 청렴함으로써 만인의 본이 되었다는 것을 잘 알 수 있다. 앞에서도 밝혔듯이 그가 이처럼 참된 삶을 살수 있었던 것은 수양을 통해 마음을 단련하고 깨끗이 함으로써 그 어떤 미혹에도 넘어가지 않도록 자신을 단단히 옥죄었기 때문이다. 마음을 단련하고 깨끗이 해야 하는 이유에 대해 마르쿠스 아우렐리우스는 다음과 같이 말했다.

"단련과 정화에 힘쓴 사람의 마음속에는 썩거나 더러운 것, 곪아터진 상처도 찾아볼 수 없다. 운명은 그런 사람의 삶을 미완성의 상태로 거두어 가지 않는다."

마르쿠스 아우렐리우스의 말에서 보듯 왜 마음을 단련하고 정화해야 하는지에 대해 잘 알게 한다. 그것은 마음을 단련하고 깨끗이 해야 나쁜 생각으로부터 벗어날 수 있고, 곪아터진 마음의 상처도 아물게 할 수 있기 때문이다. 그리고 운명도 '단련과 정화에 힘쓴 사람'을 그냥 아무렇게나 내버려 두지 않는다는 것을 알 수 있다. 왜일까. 그런 사람은 삶의 자세와 가치관이 반듯하게 정립^{正立}되어 있기 때문이다.

그렇다. 마음을 단련하고 정화하는 데 힘써야 한다. 그랬을 때 마음속에는 썩거나 더러운 것, 곪아터진 상처는 찾아볼 수 없게 된다. 그리고 나아가 맑고 곧은 마음으로 바르게 살아가게 될 것이다.

무슨 일이든 원리원칙을 지켜 행하기

무슨 일이든
닥치는 대로
아무 목적 없이 하지 말며,
원리원칙을
무시해서는 안 된다.

명상록 58

빌딩을 지을 때는 빌딩의 용도에 맞게 구체적으로 설계하고, 설계에 따라 철저하게 시공해야 한다. 그래야 한 치의 오차도 없이 튼튼하고 오래가는 빌딩을 건축할 수 있다.

그러나 용도에 어긋나게 설계를 하고, 설계에 맞지 않게 시공하면 그 빌딩은 잘못될 수 있는 여지를 남기게 됨으로써 어느 날 뜻하지 않는 사고를 일으키게 된다. 최첨단 건축기술을 보유하고 있는 지금도 빌딩 붕괴 사고가 세계 도처에서 빈번히 일어나는 걸 보면 이를 잘 알 수 있다.

빌딩의 용도대로 설계를 하지 않고, 설계대로 시공하지 않는 것은 빌딩을 지을 때 원리원칙을 지키지 않는 것과 같다. 그런 까닭에 반드시 용도에 맞게 설계를 하고, 설계대로 시공해야 하는 것이다. 이처럼 빌딩을 지을 때도 원리원칙에 따라야 하듯 이 세상의 모든 것엔 저마다 지키고 따라야 할 원리원칙이 있다.

이를 삶의 관점에서 본다면 삶에도 원리원칙이 있다. '사회적 규범規範'이 바로 그것이다. 규범이란 마땅히 따르고 지켜야 할 본보기를 말하는 바, 이는 사람과 사람 사이의 관계를 바르게 세우는 하나의 원리원칙인 것이다. 예절을 지키고, 공중도덕을 지키고, 공공장소에서 차례를 지키는 것은 바로 인간 사회의 원리원칙이라고 할 수 있다. 그리고 나아가 사회적 규범으로써 강제할 수 없는 것은 법을 통해 규제하게 되는데, 이 또한 인간 사회를 바르게 하는 원리원칙이라고 할 수 있다.

이와 마찬가지로 학문에는 각 학문에 따른 원리원칙이 있고, 기업은 각 기업에 맞는 사규 등의 원리원칙이 있다. 원리원칙이 있기에 세상에 존재하는 모든 것들은 저마다의 자리를 지키며, 질서를 유지함으로써 세상은 순환을 거듭하는 것이다.

그러나 원리원칙이 지켜지지 않으면 세상은 제대로 작동하지 못하게 된다. 따라서 인간의 삶도 작동에 문제가 발생하게 되고, 그로 인해 어려움을 겪게 된다.

원리원칙을 지키고 따른다는 것은 때론 귀찮을 때도 있고, 성가실 때도 있다. 하지만 그럼에도 원리원칙은 반드시 지켜야 하는 것이다. 그래야 세상은 작동을 멈추지 않고 순환하게 되고, 인간의 삶 또한 원활하게 작동하게 되기 때문이다.

일찍이 이러한 삶의 원리를 깨쳤던 마르쿠스 아우렐리우스는 자신의 깨달음에 대해 이렇게 말했다.

"무슨 일이든 닥치는 대로 아무 목적 없이 하지 말며, 원리원칙을 무시해서는 안 된다."

마르쿠스 아우렐리우스의 말에서 보듯 무슨 일이든 마구잡이로 해서는 안 되고, 원리원칙에 입각해서 해야 한다는 것을 알 수 있다.

그렇다. 자신이 무언가를 하겠다고 계획을 세웠으면, 반드시 그에 대한 원리원칙을 따라야 한다. 그래야 자신이 뜻한 바를 이루는 데 큰 도움이 됨으로써 목적을 이루게 되는 것이다.

가야 할 길이 확실하게 보이는 길을 향해 가라

자신의 행동이 방해받지 않도록 하라

다른 사람의 악의나 오해나 비방 때문에
당신의 행동이 방해받지 않도록 하라.
당신을 둘러싼
보잘것없는 육체의 욕망에
굴복하지 마라.

명상록 59

사람이 해서 안 되는 것 중 하나가 악의적으로 상대방을 비난
하거나 쓸데없이 오해하는 것이다. 특히 남을 비난하는 것은
상대방의 인격에 테러를 가하는 것과 같다. 상대방은 비난으로
인한 상처 때문에 분노를 일으키게 되고, 그것은 자칫 씻을 수
없는 결과를 낳게 한다. 비난은 절대 해서는 안 되는 인격모독
이며 테러 행위인 것이다. 비난이 얼마나 무서운 일인지 잘 알
게 하는 이야기다.

미국 제16대 대통령 에이브러헴 링컨은 그 누구보다도 배려심이 깊고 따뜻한 품성을 지닌 사람이었다. 이런 그의 심성은 미국 국민들의 마음을 사로잡는 데 충분했다. 하지만 무결점의 사람으로 여겨졌던 링컨도 처음에는 남을 매몰차게 비난하고 비평하는 소인배였다. 그런 그에게 작심하고 자신의 못된 비평 성향을 개선하게 되는 사건이 생겼다.

링컨은 아일랜드 출신 정치가인 제임스 실드를 '얼빠진 정치가'라고 〈스프링필드 저널〉에서 강하게 비평했다. 그 기사를 보고 자존심이 상한 제임스 실드는 곧바로 자신의 비평에 대한 잘못된 점을 시정할 것을 링컨에게 요구했다. 하지만 링컨은 그의 요구를 한마디로 잘라 거절했다. 링컨의 비평이 자신의 정치생명에 치명적인 오류를 범할 수 있다고 판단했던 제임스 실드는 자신의 결백을 증명하기 위해 링컨에게 목숨을 걸고 도전장을 던졌다. 하지만 링컨은 단둘이 싸울 의사가 없었다.

그러나 싸움을 피한다는 것은 결국 자신의 용렬함을 만천하에 드러내는 것 같아, 그는 조언까지 들어가며 칼싸움하는 법을 배워 제임스 실드와 결투를 벌이러 갔다.

두 사람은 미시시피강 백사장에 마주섰다. 제임스 실드는 의기양양했으나 링컨은 싸우고 싶은 마음이 없었다. 솔직히 싸움에 자신이 없었던 것이다. 그런데 다행스럽게도 그들의 비범함을 잘 알고 안타까워하던 입회자(결투를 증명하는 사람)의 간곡

한 만류로 인해 목숨을 잃을 수 있는 싸움을 중단할 수 있었다.

이 일을 통해 링컨은 자신의 오만함과 용렬함에 대해 많은 반성과 함께, 무심결에 뱉은 비평이 상대방과 자신에게 얼마나 무익한 일인지를 똑똑히 알게 되었다. 그후 링컨의 삶은 완전히 바뀌게 되었다. 링컨은 비평을 하는 대신 칭찬하고 격려하는 것을 삶의 모토로 삼았다. 그는 자신에게 도전하는 정적들에게 언제나 배려를 갖고 관대하게 대해줌으로써 오히려 상대방에게서 지지를 얻게 되었다. 결국 링컨은 미국 역사상 국민들의 신뢰를 듬뿍 받는 최고의 대통령이 되었다.

"나는 30년 동안 비평한 일이 가장 어리석은 짓이었음을 이제야 알게 되었다."

이는 미국의 전설적인 백화점 왕으로 불렸던 존 워너메이커 John Wanamaker가 한 말로, 남을 비난하는 것이 얼마나 무익하고 어리석은 일인지를 잘 알게 한다. 그 역시 임직원들에게 비난할 일도 격려함으로써 오히려 성과를 높이는 경영자의 진가를 보여주었다.

링컨이나 존 워너메이커의 경우에서처럼 비난의 어리석음을 깨닫고, 남을 비난하는 대신 칭찬함으로써 훌륭한 업적을 남긴 이들도 있다. 하지만 그 비난으로 인해 마음의 상처를 입고 위

지금은 아우렐리우스를 읽어야 할 때

축이 되어 자신이 해야 할 일을 제대로 하지 못하는 이들이 의외로 많다.

이에 대해 마르쿠스 아우렐리우스는 근거 없는 비난에 마음을 움츠리지 말고, 자신이 하는 행동에 제약을 받지 말라고 말했다. 이에 대한 그의 말을 보자.

"다른 사람의 악의나 오해나 비방 때문에 당신의 행동이 방해받지 않도록 하라. 당신을 둘러싼 보잘것없는 육체의 욕망에 굴복하지 마라."

마르쿠스 아우렐리우스의 말에서 보듯, 쓸데없는 비난으로 인해 자신이 행동하는 데 방해 받지 말고 당당하게 행하라. 내가 잘못한 일이 없는데 무엇이 염려되어 위축이 된단 말인가.

그렇다. 남을 비난하는 일은 절대 삼가되, 쓸데없는 비난이나 오해 따위에 위축되지 말고 당당하게 나아가라. 그러면 머잖아 자신이 받은 비난이나 오해가 전혀 무관한 일이라는 게 밝혀지게 될 것이다. 그리고 자신을 비난한 상대방은 그 일로 인해 많은 사람들로부터 비판을 받고 손가락질을 받게 됨으로써 스스로 무덤을 파는 형국이 될 것이다.

오만한 자의 뜻을 따르지 마라

오만한 자의 뜻에 따르지 마라.
그들의 의견이
당신을 지배하도록 받아들이지 마라.
다만 늘 진리에 비추어
참모습 그대로를 바라보라.

명상록 60

"복 있는 사람은 악인들의 꾀를 따르지 아니하며 죄인들의 길에 서지 아니하며 오만한 자들의 자리에 앉지 아니하고."

이는 구약성경 시편(1편 1절)에 나오는 말씀으로, 오만한 자를 경계하여 이르는 말이다. 이 말씀은 복이 있는 자는 오만한 사람과 상종을 하지 않는다는 걸 잘 알게 한다. 오만한 자와 함께 함으로써 자신을 그릇되게 하고 자신에게 주어진 복을 잃게 될 수 있기 때문이다.

그렇다면 성경에서도 이르듯 오만한 자를 왜 이토록 멀리해야만 하는 걸까. 그 이유는 아주 간단하다. 오만하다는 것은 건방지고 거만한 것을 뜻하는 말로, 이런 사람은 누구에게나 밉상을 받게 되고, 어디를 가든 사람들로부터 나쁜 평가를 받게 되기 때문이다. 그런 까닭에 오만한 사람은 사람들로부터 경계의 대상이 될 수밖에 없는 것이다.

"짐은 국가다."

이는 프랑스 왕 루이 14세Louis XIV가 한 말로 스스로를 국가라고 칭할 만큼 그는 오만하고 방자한 자였다. 그는 왕권신수설王權神授說을 내세워 프랑스 국민을 압박했다. 왕권신수설이란 절대주의 국가에서 왕권은 신으로부터 주어지는 것으로, 왕은 신에 대해서만 책임을 지며 '신민', 즉 '국민'은 저항권이 없으며 왕에게 절대복종해야 한다는 정치이론을 말한다.

이처럼 루이 14세는 자신을 마치 신으로부터 모든 권한을 위임 받은 자처럼 행세했다. 이 모두는 자신의 권력을 강화하기 위한 수단으로써 그 누구도 자신의 권력에 도전해서는 안 된다는 것을 천명한 것이다.

루이 14세는 왕권신수설을 앞세워 갖은 만행을 일삼고, 전쟁을 일으켜 국가 재정을 낭비하는 등 인간으로서 할 수 있는 악

가야 할 길이 확실하게 보이는 길을 향해 가라

행은 다 행할 만큼 잔인하고 혹독한 자였다. 그로 인해 프랑스의 재정은 어려움을 겪게 되었으며 루이 16세에 이르러 프랑스 국민들은 프랑스혁명을 일으켜 새로운 국가질서를 확립했다.

루이 14세는 왕으로 있는 동안은 스스로 만족했지만, 그는 프랑스 역사에 치욕적이고 환멸적인 인간으로 남아 있다.

오만한 자는 그가 왕이든, 대통령이든, 그 누구든 간에 비판받아 마땅하다. 또한 자신이 행한 죄에 대해 반드시 처벌받아야 한다.

마르쿠스 아우렐리우스는 고대 로마 제국의 황제라는 절대 권력을 지녔음에도 "오만한 자의 뜻에 따르지 마라. 그들의 의견이 당신을 지배하도록 받아들이지 마라. 다만 늘 진리에 비추어 참모습 그대로를 바라보라"고 설파하며 오만한 자의 뜻에 따르지 말라고 말했다. 오만한 자는 그만큼 인간관계에 있어 가까이해서는 안 된다는 것을 의미한다 하겠다.

그렇다. 오만함을 멀리하되 그런 자와 함께함을 경계해야 할 것이다.

선한 사람이 되도록 마음을 다해 노력하라

천년만년 살 것처럼
행동하지 마라.
죽음은 이미 가까이에 있다.
살아있는 동안, 능력이 있는 동안
선한 사람이 되도록 노력하라.

명상록61

선하다는 것은 착하다는 것이고, 착하다는 것은 인간으로서 바람직한 자세를 지녔음을 말한다. 선한 사람은 그 누구와도 다투지 않고, 자신이 손해를 보더라도 양보하는 일에 주저함이 없다. 어려움에 처한 사람을 보면 어떻게서든 도와주려고 애쓴다.

선한 사람은 그 마음에 악함이 없고, 오만하지 않으며, 남을 배려하고 생각하는 마음이 깊다. 그런 까닭에 선한 사람과 함께 한다는 것은 자신에게 선한 에너지를 불어넣는 것과 같다.

그로 인해 자신 또한 선한 마음을 갖게 되고, 선하게 행동하게 된다.

어떤 사람이 예루살렘에서 여리고로 가다가 강도를 만났다. 강도는 그의 옷을 벗기고 때려 거의 죽은 상태나 다름없었다. 강도들은 그런 그를 버리고 갔다. 마침 그곳을 지나던 제사장이 있었는데, 그는 강도 당한 사람을 보고도 그냥 지나갔다. 그리고 이어 한 레위인이 그곳을 지나다 강도 당한 자를 보았지만, 그 또한 그냥 그곳을 지나가고 말았다.

그런데 어떤 사마리아인이 그곳을 지나가게 되었다. 그는 강도 당한 자를 보자마자 기름과 포도주를 그의 상처에 붓고 싸매 치료를 하고는 그를 자기 짐승에 태워 주막으로 가서 정성껏 돌봐주었다. 이튿날 사마리아인은 주막 주인에게 데나리온 둘을 내어주며, 이 사람을 돌봐 달라고 부탁했다. 그러고는 비용이 더 들면 자신이 돌아올 때 갚겠다고 말했다.

이는 신약성경 누가복음(10장 30~35)에 나오는 이야기로 선한 사마리아인의 행동을 잘 보여준다.

제사장이란 자는 유대인 사회에서 지도자급 인사였지만 위기에 처한 사람을 보고도 못 본 척했고, 레위인 또한 유대인 사회에서 제사장의 지위에 오를 수 있는 신분을 가졌음에도 위기에 처한 이를 못 본 척했던 것이다. 이는 인간으로서 도저히 할 수 없는 행동이다. 이는 직접적으로 악행을 저지르진 않았지만, 악행을 저지른 거와 다름없다.

그러나 유대인이 멸시하고 천대하는 사마리아인은 자신을 적대시하는 강도 당한 유대인을 정성껏 돌봐줌으로써 사람의 도리를 다했다.

이는 무엇을 말하는가. 선행을 한다는 것은 사람으로서 마땅히 취해야 함을 말한다. 제사장과 레위인은 사람으로서의 도리를 저버린 악인과도 같다. 하지만 사마리아인은 사람의 도리를 다한 사람다운 사람이었다. 마르쿠스 아우렐리우스 역시 인간이 선하게 살아야 함에 대해 이렇게 말했다.

"천년만년 살 것처럼 행동하지 마라. 죽음은 이미 가까이에 있다. 살아있는 동안, 능력이 있는 동안 선한 사람이 되도록 노력하라."

마르쿠스 아우렐리우스의 말에서 보듯 그는 강한 어조로 천년만년 살 것처럼 행동하지 말고 선하게 살라고 강조한다. 따끔한 정문일침頂門一鍼이 아닐 수 없다.

그렇다. 우리는 선한 사마리아인과 같은 사람이 되어야 한다. 그것이야말로 인간의 본질이자 도리이며 사람답게 사는 삶의 자세이기 때문이다.

가야 할 길이 확실하게 보이는 길을 향해 가라

마르쿠스 아우렐리우스 프로필

마르쿠스 아우렐리우스(Marcus Aurelius 121~180)는 로마 제국 황제, 철학자이다. 그는 안토니누스 피우스 황제의 양자가 되어 17세 때 콤모두스의 아들과 공동 황제로 즉위하기로 되어 있었으나 40세가 되어서야 황제에 즉위했다. 황제가 되기 전 그는 에픽테토스의《담론》을 탐독하는 등 철학에 깊이 매료되었다. 한편 그는 안토니누스의 곁에서 통치술을 배웠다.

황제에 오른 마르쿠스 아우렐리우스는 국가의 기강을 바로 세우고, 민사법의 비정상적인 법률과 가혹한 조항을 삭제하여 노예를 비롯한 과부, 소수민족들을 보호했다. 그리고 상속 분야에서 혈연을 인정하여 로마 시민들로부터 열렬한 지지를 받았다. 이처럼 그는 로마의 시민들의 권리를 보호함으로써 그들의 행복한 삶을 법률적으로 보장해주었으며, 그리스도교를 비롯한 그 어떤 조직도 박해하지 않은 존경받는 황제였다.

그러나 그는 황제로서 수많은 시련과 고난을 겪었다. 동쪽으로는 파르티아 제국이, 북쪽에서는 게르만족이 수시로 침략해 왔다. 그는 침략들로부터 로마 제국을 지켜내기 위해 로마 제국의 황제 중 가장 많은 시간을 전쟁터에서 보냈다. 하지만 마르쿠스 아우렐리우스는 실망하거나 비관하지 않았다. 언제나 긍정적으로 자신에게 닥친 역경을 극복하며, 봉사와 헌신의 정신으로 황제의 본분을 다했다.

로마 시민들은 국가와 자신들을 위해 최선을 다하는 그를 마음으로부터 깊이 존경했으며, 그는 황제이자 사상가로서의 본분을 착실히 실행한 위대한 실천가였다. 저서로 유명한《명상록》이 있다.

마르쿠스 아우렐리우스 《명상록》

　마르쿠스 아우렐리우스의 《명상록》은 총 12권으로 구성되었다. 인간의 삶과 죽음에 대한 성찰과 특히, 황제이기 전에 한 인간으로서의 죽음에 대한 고뇌와 통찰이 잔잔하게 깔려 있다. 이 모든 것은 결국 진실한 인간이 되기 위한 탐구와 진실한 인간이 되어야만 하는 것에 대한 진지하고도 담담하게 살아가는 지혜에 대해 말한다.

　1권은 마르쿠스 아우렐리우스가 한 인간으로 살아갈 수 있도록 부모와 형제, 친척과 친구를 맺게 해준 신에 대한 감사로 구성되었다.

　2권은 이성의 중요성에 대해 말한다. 이성이란 진리에 이르는 창구와도 같다. 깨달음을 통해 새로운 깨달음을 얻고, 또 그 깨달음으로 또 다른 깨달음을 얻게 하는 것이 이성이다. 이성이 마비되면 인간은 제대로 된 인간으로서의 삶을 구현할 수 없다.

　3권은 훌륭한 인간이 되기 위해 노력을 기울여야 하는 이유와 자세에 대해 말한다. 이런 사람은 사제이며 신의 종이라 할 수 있다는 것이 마르쿠스 아우렐리우스의 생각이다. 그리고 이런 사람이야말로 그 어떤 격정에도 휘둘리지 않는 정의가 마음 깊이 가득 차 있다고 말한다.

4권은 인간이 살아가면서 잘못된 일로 혼란을 겪거나 불미스러운 일을 겪게 될 때는 이성적이지 못하고 감정적으로 해결하려고 하는데 이에 마르쿠스 아우렐리우스가 말하기를 충동이 일어날 때는 그것이 정의에 맞는 것인지를 먼저 생각해보라고 조언한다. 그리고 충동적인 감정에 치우치지 않기 위해서는 이성적으로 생각해야 한다고 말한다. 이성은 감정이 일으키는 충동적인 말과 행동을 제어시키는 '언행의 브레이크'이다.

5권은 인간의 본성에 대해 말한다. 마르쿠스 아우렐리우스는 인간에게 본성이 견뎌내지 못할 일은 일어나지 않는다고 말한다. 그런 까닭에 이는 누구에게나 공통으로 적용되는 것이기에 자연스럽게 받아들이라는 것이다. 그랬을 때 그 일 또한 충분히 해결해 나갈 수 있음을 말한다.

6권은 항상 소박하고 선하게 살며 순수하고 진지해야 함에 대해 말한다. 나아가 정의로움을 갖되 허세를 부리지 말고 신을 경외하며, 친절과 애정으로써 맡은 일에 충실히 임할 것을 말한다.

7권은 고통은 인간에게 따라오는 그림자와 같은 것, 그러기에 참고 견디어 이겨내라고 말한다. 그리고 그렇게 하면 정신적으로 강건해짐으로써 평온을 느끼게 되고, 정신을 지배하는 고통으로부터 자유로울 수 있음을 말한다.

8권은 모든 인간에게 일어나는 사건은 인간이기에 인간에게 맞는 사건이 일어나는 것이라고 말한다. 그런 까닭에 인내로써 극복하면 되므로 불평하지 말아야 함을 말한다.

9권에서는 근심은 인간의 외부에 있는 것이 아니라 내부에 있는 것이니, 스스로 그것을 이겨내야 함을 말한다.

10권에서는 사람은 대자연의 지배를 받는 까닭에 이성적 본능이 무엇을 요구하는지를 잘 살펴야 한다고 말한다. 그리고 육체적 본질이 무엇을 요구하는지 주의를 기울여, 이성적 본능에 해가 되지 않으면 받아들이라고 말한다.

11권은 덜 익은 포도, 무르익은 포도, 건포도 등이 단계를 밟아 변했듯이, 우리의 삶은 무無로 변하는 게 아니라 아직 존재하지 않는 무언가로 변하는 것임을 말한다.

12권은 감정을 움직이고 꼭두각시처럼 자신을 조정하는 단순한 본능보다 우월하고 신적인 것이 자신의 내부에 있음을 말한다. 그런 까닭에 자신을 지배하려는 것에 두려워하지 말고 맞서 이겨내야 함을 말한다.

이상에서 보듯 마르쿠스 아우렐리우스의 《명상록》은 진실한 인간이 되기 위한 탐구가 계속되어야 한다고 말한다. 이는 인간이 우주에 존재하는 한 영원불변의 법칙이다. 그런 관점에서 볼 때 마르쿠스 아우렐리우스의 《명상록》은 반드시 읽어야 할 인생의 필독서라고 할 수 있다.